生 活 探 索 家

行李箱里的科学

［意］雅各布·帕索蒂　著
吴若楠　译

海洋出版社

图书在版编目(CIP)数据

行李箱里的科学 / (意) 雅各布·帕索蒂(Jacopo Pasotti) 著；吴若楠译. — 北京：海洋出版社, 2018.9（生活探索家）
ISBN 978-7-5210-0127-3
Ⅰ.①行… Ⅱ.①雅… ②吴… Ⅲ.①科学知识－普及读物 Ⅳ.①Z228
中国版本图书馆CIP数据核字(2018)第180239号

© 2016 Codice edizioni, Torino
The simplified Chinese translation rights arranged through Rightol Media（本书中文简体版权经由锐拓传媒取得Email:copyright@rightol.com）

版权登记号　图字：01-2017-4840

行李箱里的科学

著　　者 / [意] 雅各布·帕索蒂
译　　者 / 吴若楠
策划编辑 / 项　翔
责任编辑 / 刘　玥
责任印制 / 赵麟苏

出　　版 / 海洋出版社
　　　　　北京市海淀区大慧寺路8号
网　　址 / www.oceanpress.com.cn
发　　行 / 新华书店北京发行所经销
发行电话 / 010-62132549
邮购电话 / 010-68038093
印　　刷 / 北京朝阳印刷厂有限责任公司
版　　次 / 2018年9月第1版
印　　次 / 2018年9月第1次印刷
开　　本 / 787mm×1092mm　1/32
字　　数 / 142.8千字
印　　张 / 6.375
书　　号 / 978-7-5210-0127-3
定　　价 / 39.80元

敬启读者：如发现本书有印装质量问题，请与发行方联系调换

前　言

很少有人对旅行持不置可否的态度：对于某些人而言，要他们启程仿佛要他们的命；而对于另一些人而言，那则是一种复活。在动身之前，旅行就会触动各式各样的情感：有些人在启程的数周甚至数个月之前便梦见自己在旅行；有些人则会持续想象自己坐在火车上的情景——座位下方有个行李箱，随着每分每秒的流逝，离家越来越远，距离目的地则越来越近。现在我们之所以能够经常旅行，并能在短短的几个小时内便抵达新德里，要归功于科学与技术的进步。

长年以来我过着扎营的生活，背包和睡袋总是在我视线范围内伸手可及的地方。我的工作室很空荡，但旅行装备至少占据了一半的空间。我所作的每一个选择几乎都取决于以下这个问题：这个东西是否够轻便、够小巧，是否适合带去旅行？

事实上，可能有好几个星期的时间，我根本哪儿也没去，只是坐在计算机前（当然，我的计算机很小巧、轻薄，方便携带……天知道，说不定突然就得出发前往某个地方了）。我的眼前挂着几幅地图（此刻挂着的是一幅北极地图和一幅埃特纳火山的地图）。我被局限在几平方米的范围里工作，但我的心思已经开始旅行，开始计划，因为计划可以说是旅行里最美好的部分。评估、选择旅行的地点、方法、时间、规模、步调、风险，就如同最后将旅行付诸实现一样，是整个旅程的一部分。这需要一点点的艺术，也需要一点点的科学。我不期望这本书会改变你与旅行之间的关系，但我希望它能解答你心中的一些疑问，那也是过去几年在我心中萌生的一些好奇。我所探讨的主题不仅涉及科技与地理等领域，也讨论游客诠释和想象旅行的方式，无论其路程、目的地和时间长短。我有了许多新发现，我发现从第二次世界大战至今，有越来越多的游客涌向地球各地的机场和酒店。游客的人数非常惊人。我们轻轻松松地从一个大洲移动到另一个大洲；我们若无其事地深入位于人类社会最偏远地带的某些城市、城镇和房舍。旅游业是目前成长最快速的市场，且后势看涨，其范围遍布全球。旅游业撑过了每一次的危机，它变换特点、标签、目的地、标语、形式和客群，不断地求新求变。然而，无论我们亲自精心策划了自己的旅行，或只是单纯地向坐在桌子后并向我们介绍了一组预先规划好的套装行程的旅游业者说了声好，我们都只是游客。我们只是过客，但我们在所到之处以及遇见过的人的心中留下了足迹。无可奈何的是，也许只有离家不远的徒步旅行才是唯一一种可以持续发展的旅游。然而，若你想将沉重的足迹减轻一些，你仍然大有可为，比如说你可以踮着脚尖而不是开着推土机进到别人的家中和城市里。重要的是减少冲击，因为要完全去除冲击非常困难，因此我希望各位除了欣赏我出于消遣而非使命而写下的奇闻趣事之外，也能够赞同我所探讨的那些与旅游有关的环境与社会议题。你所作的一些选择可能真会对旅游业所导致的全球性冲击发挥影响力。

只管旅行而不思考旅行所导致的种种后果的时代已经结束：这是一种责任，而我也试图提供与此相关的一些思路。相反，无论在这篇前言或是正文当中，我不会以文学的角度探讨旅行。已经有许许多多的人通过这种角度探讨旅行，我没有必要与伟大的旅行家一较高下。通过科学的观点检视我们的地球和地球上的居民，本身便足以带给我们巨大的启发：只要通过一定的科学知识，我们便能更深入且更具意识地阅读地球上的自然与人文。

懂植物学的人在森林里探索宇宙；知悉人文科学的人在人类的各种行为中探索宇宙；通晓地理的人则在地图中探索宇宙。当然，认识一切是不可能的，但我希望大家能在这次的阅读体验中获得启发，从而更深入地去研究其中令大家最感兴趣的一些主题。假如我的这个愿望没能实现，我仍希望这本书至少能带给你一点消遣——在车站的候车室里等火车时打发时间。而那班火车究竟开向何方……就交给你自己作主了！

目　录

计划旅行

第一章　去哪儿好呢？

- 5　你选择热带地区
- 10　你想看看北极
- 13　对沙漠感到着迷？
- 19　你想迷失在一个大都市带里

第二章　大自然的精华

- 21　陆地上的生物多样性热点地区：亚苏尼国家公园
- 23　海洋生物多样性热点地区位于印度尼西亚
- 26　超越朦胧带
- 27　塔希提岛：两个热点的综合体

第三章　你要去一个不可能的目的地

- 29　英属特里斯坦-达库尼亚：住在这里是不可能的
- 31　奥伊米亚康：生活在一个冰柜里头
- 34　无法抵达的极点
- 38　地球上是否仍存在未受污染的地方？
- 42　地球上是否存在着未受污染且未被发掘的地方？
- 45　地球上是否存在着未曾与外界沟通的文化？

🧳 收拾行李

第四章　热带疾病

- 55　人人都有风险
- 60　慎防疟疾
- 64　为何人类无法消灭疟疾？
- 66　诉诸驱虫剂

第五章　飞行中

- 71　飞行是否具有风险？
- 75　关键时刻
- 77　飞机、火车、轮船和汽车当中，哪个最耗能？
- 80　极速列车

第六章　机场安全

- 85　安检人员用X射线寻找些什么？
- 88　生物识别技术
- 91　为何要实施随身携带液体不能超过100毫升的禁令？
- 92　面谈才是上策……

第七章　旅途中的不适

- 95　为什么婴儿在飞机降落前会哭？
- 97　气隙是否存在？
- 101　闪电是否有可能击中你所搭乘的飞机？
- 102　有关预防肠胃不适的几项建议
- 105　如何对付晕船

✈ 天啊，我在飞！

第八章　飞行物理

- 113　一个有关形式的问题
- 119　喷气机的运作原理是怎样的？
- 120　高空急流
- 122　船舶也利用水流

第九章　旅行真累人

- 127　为什么起飞时必须关闭电子设备？
- 129　时差综合征

第十章　旅行日志

- 135　夕阳是一种错觉
- 137　时区
- 140　你以为自己是单独出游吗？

第十一章　辨认方向

- 143　所有的地图都画错了
- 150　零度经线不再通过格林尼治
- 153　幸好你不是生活在18世纪
- 155　男性的方向感胜过女性，这是真的吗？

第十二章　永续旅游

- 157　生态旅游是否真的有利于环保？
- 160　愈来愈多的游客参观国家公园
- 162　如果有游客口太渴

📷 旅途的回忆

第十三章　欢迎归来！

169　要种多少树才能弥补旅行所导致的环境冲击？

171　回程所需的时间比较短

173　被禁止的纪念品

第十四章　你正在思考下一次旅行？

179　科学旅游——10个值得参观的地方

185　太空旅游——未来的趋势

188　**致谢**

计划旅行

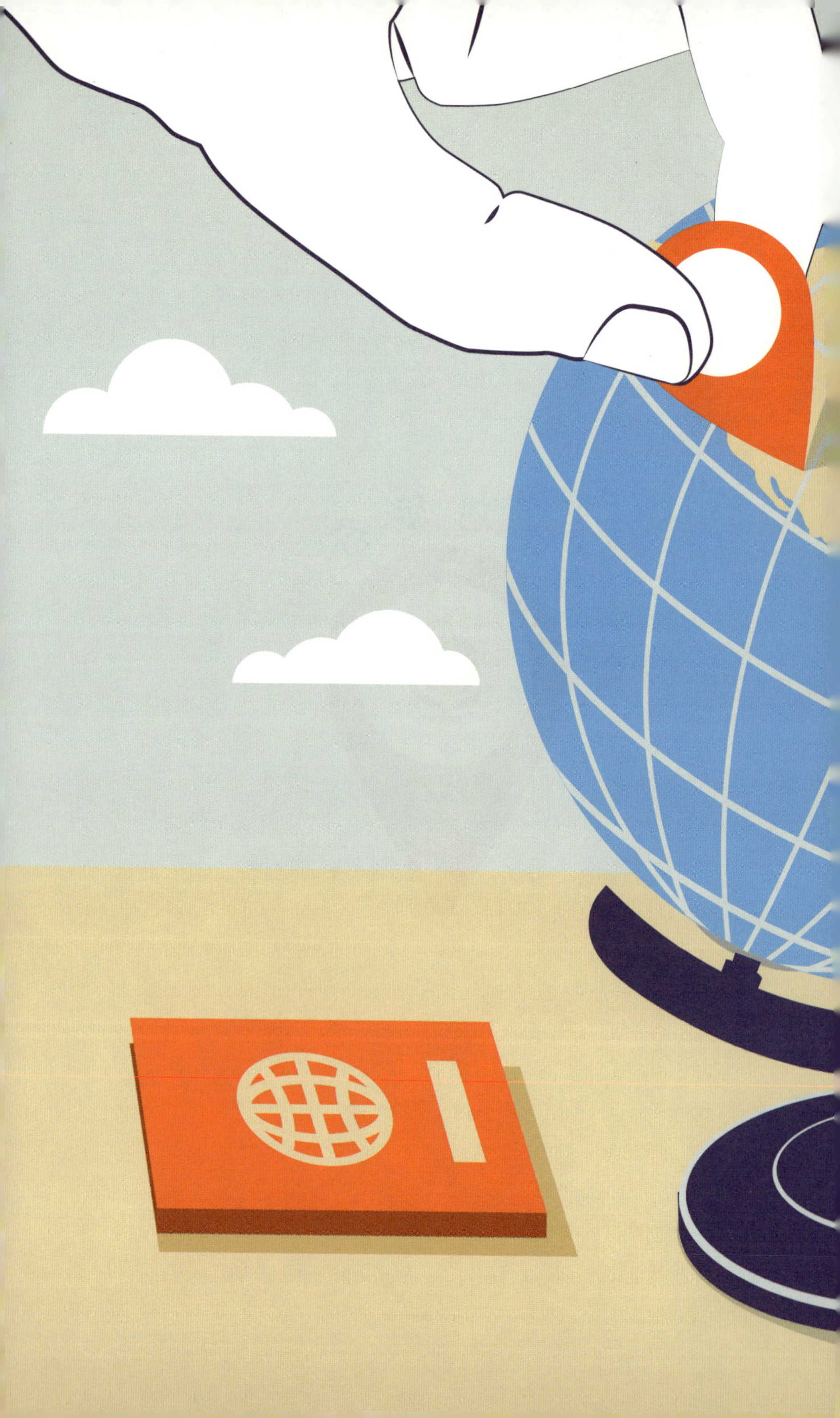

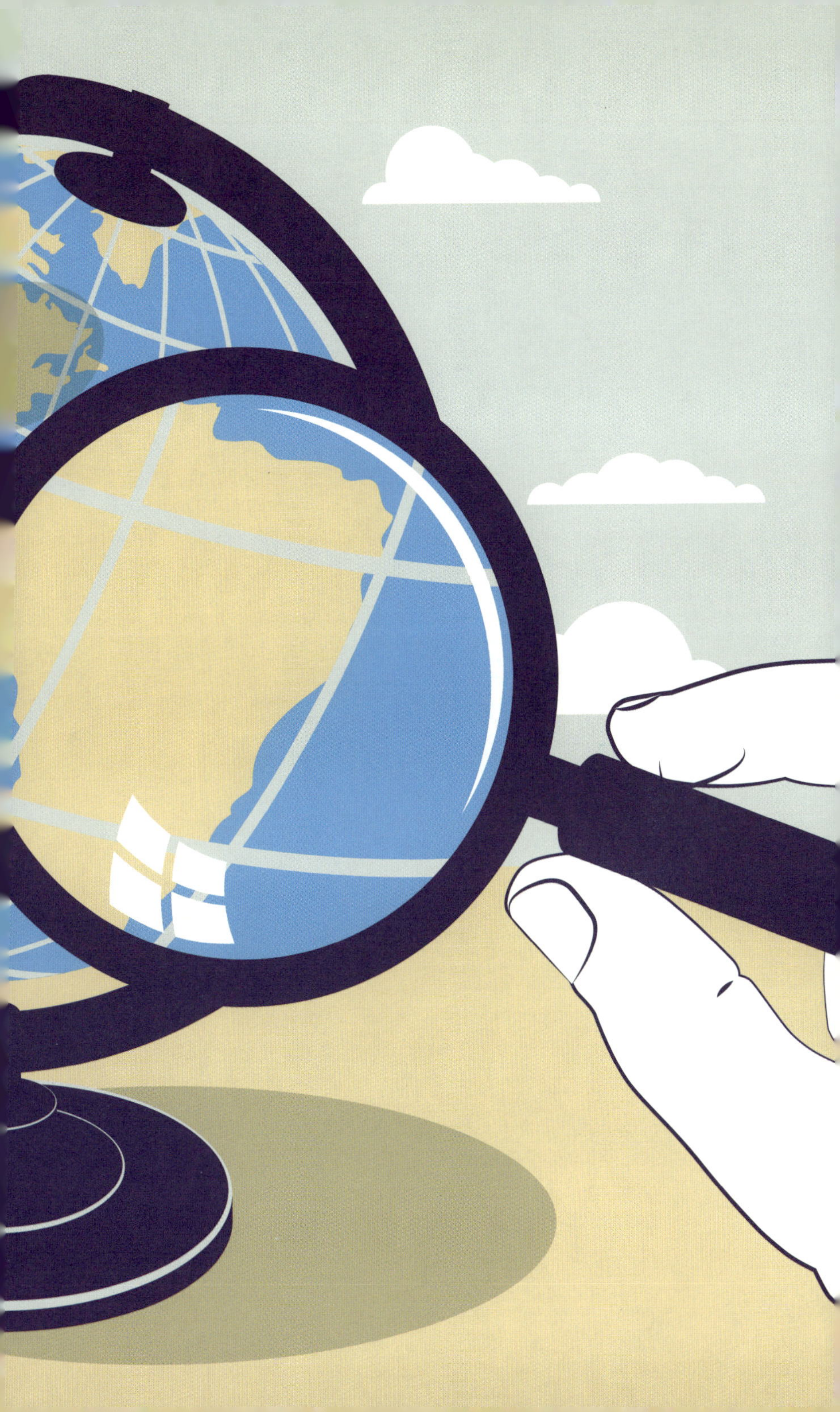

计划旅行

去哪儿好呢?

第一章

你选择热带地区

你需要温暖、阳光、清澈的海水,还有白闪闪的沙滩。你想要来一盘滋味甜蜜可口的异国水果,就是先前你曾在超市里望眼欲穿地盯着的那种水果,一边还幻想着自己躺在一把棕榈叶做成的太阳伞下。这就是你在超市旁的旅行社橱窗广告中所看见的。你禁不住走进了旅行社,怯生生地翻阅起几本目录。你幻想着自己泡在微温的水中,而在这样的温水里,要你待上好几个小时都不是问题。总之,你所梦想的目的地是热带地区。或者我们可以说,那就是所谓的热带天堂。

我们从热带讲起,借此弄清楚为什么人们会称之为天堂。热带地区的平均温度不会低于18℃,即使在夜里也不例外,一年里的12个月都是如此。那里雨量充沛,有时甚至会有超过每年1500毫米的雨量（罗马的年平均雨量为 790 毫米）。天空上降下来的水分大于通过蒸发作用回到天上的水分（我们在此所讨论的是平均雨量，当然不乏有特殊情形），因此人们四周的空气往往饱含湿气。炎热加上潮湿等于热带。大家想必已经发现，我们正以温度和降水两项要素定义气候，但举例来说，在热带地区我们也会接受大量或超大量的日照。而事实上，的确是后者及其辐射能量才是驱动气候的力量。温度和降雨以何种方式分布在土壤上取决于辐射能量的移动方式和它与地球的海洋、陆地和大气层之间的相互作用。日照，特别是照射到地球表面的太阳能，会随着照射的角度（取决于纬度）和曝晒的时间长短（取决于季节）产生巨大变化。在赤道地区，正午时阳光会以垂直的角度照射地面，因此在夏至和冬至的时候，人们几乎可以说是把自己的身影踩在脚下。

而天堂跟这一切有什么关系？就如同所有物种一般，人类也有

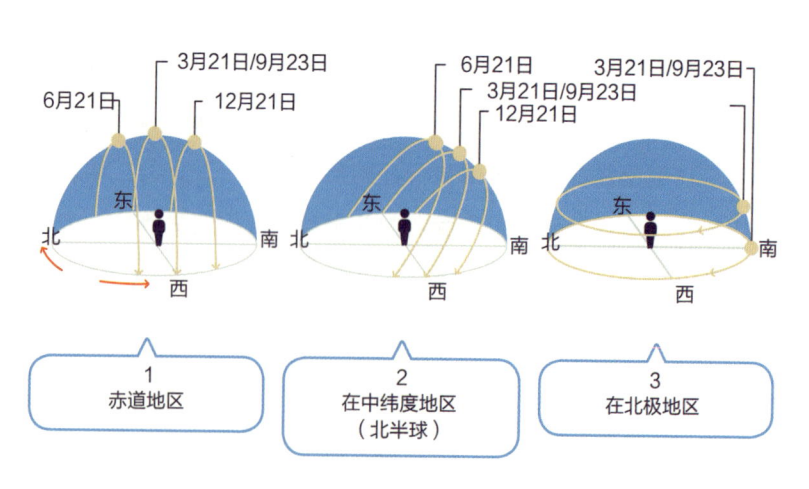

1 赤道地区
2 在中纬度地区（北半球）
3 在北极地区

图1　太阳行经赤道、极地和中纬度地区时在天空中所行经的路径

所谓的最佳气候，亦即最适合特定物种生活其中的最佳温度与湿度。在该温度范围内，新陈代谢的作用免于任何压力而接近完美。经过了数百万年大多发生于非洲大陆心脏地带的进化历史，我们已经可以清楚地指出最适合人类的温度介于 18～24℃。撇开极地地区或极度干旱的地区不谈，我们可以在赤道、热带和温带地区之间找到此种温度范围。就如同大部分的生物一样，人类不介意潮湿，但无法忍受干燥。这就是为什么热带地区被视为天堂（至少对我们人类而言）。但要注意的是，种种事实已证明人类作为一个物种具有不可思议的适应能力，人类已侵入地球的各个角落，如今，不论是沙漠还是北极都无法使人类却步。

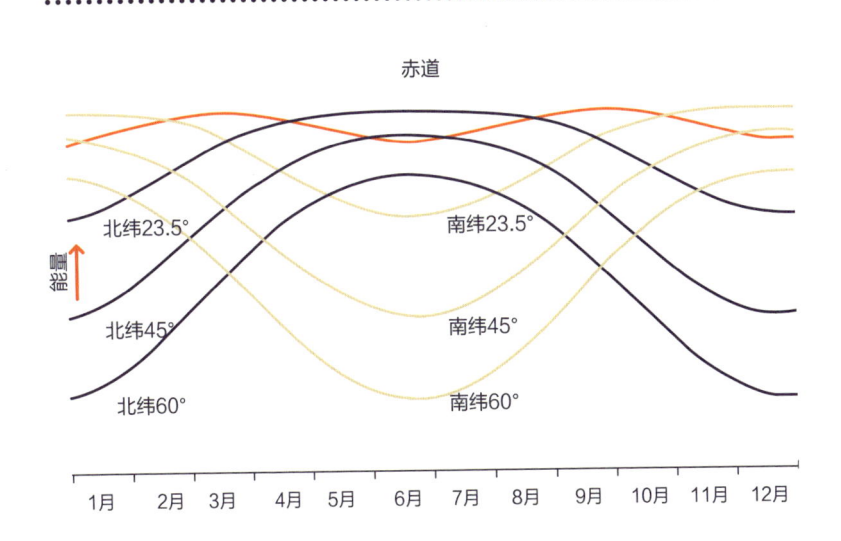

图2 赤道地区的日照几乎全年不变。高纬度地区的日照则变化极大并有交替的现象：北极的日照范围最大时，南极则最小。反之亦然

棕榈树的秘密

如果说北极熊是北极圈最完美的形象大使,那么棕榈树,最好一旁还有细致优美的沙滩,则可以说是热带地区最完美的形象大使。棕榈树是单子叶植物(其种子内的胚只生长出一片小叶子,称为子叶),也是被子植物的大家庭的一员,会开花且种子包含在花朵里面的植物称为被子植物。未经训练的双眼也许很难分辨出各种物种,但植物学家已经分辨出超过2500种的棕榈树,其分布范围几乎遍布各个大洲里所有的栖息地。尽管棕榈树的种类众多,它们的叶子可以简单地分成两类:掌状叶和羽状叶。前者是生长在茎的一端的束状物(可以联想一下人的手掌),后者则长得像羽毛,叶片沿着茎的两侧生长。然而,大自然的鬼斧神工令人叹为观止,并非所有的棕榈叶都长得一模一样,所以,我们得做好心理准备,因为我们将会见到各式各样奇形怪状的叶子。不过经过仔细分析,我们能清楚地将棕榈叶区分为两个基本类别。

棕榈树的历史非常悠久,假使它们能够说话,它们会向我们讲述恐龙曾在它们的树荫下漫步,讲述最初的人类如何爬上它们的树干,为的是摘取它们多汁的果实。最古老的棕榈树化石可追溯到80万年以前,棕榈树以极快的速度从其他单子叶植物中脱颖而出,接着又花了很长的时间发展出数量可观的品种:有些棕榈树可以达到60米的高度,比如说只生长在哥伦比亚境内的金迪奥省的蜡棕榈。棕榈树的果实种类的多样性也不在话下:有些品种的果实极为小巧,如观赏品种袖珍椰子(*Chamaedorea elegans*),每颗果实的重量约为0.2~0.3克,而海椰子则可以长出最长可达半米的果实,其重量甚至高达20千克。棕榈树偏好生长在北纬和南纬44°,但假使各位将它们种植在一个阳光充足、温度不至于太过于凉爽的地方,它们或许会勉强凑合着活着。

在人类漫长的进化史和文化史里,棕榈树向来是人类忠实的伴侣。从古至今,它们被使用在建筑业、化学工业(例如,纺织品染料的提取)、美容产品(在马达加斯加有几种棕榈油被用于头发护理),被拿来当作肥料、食品、食品工业里的添加剂、牲畜的饲料,并被用于制作手工艺产品、家用器具、生活装饰品、游乐器材、乐器、首饰珠宝,甚至作为书写的载体(在印度,人们使用一支铁笔在贝多罗树的掌状叶片上凿刻,此种古老的文献有些仍保存在印度的各大博物馆中)。

图3 棕榈叶(左为羽状叶,右为掌状叶)

此外，棕榈树也被用来制作武器。最后，棕榈树也会被拿来作为燃料（在印度尼西亚，有好几百万的摩托车依赖"椰子汁"行驶）。当你观察棕榈树的时候，眼前是一株可以为你提供周全使用的植物，它能提供建造家园的各种器具、个人身体护理产品，以及滋养各位的食品。在某些重要的时刻，它甚至可以被用来酿酒，或某种可口诱人的含酒精的饮料，而这种做法风行非洲和亚洲。

你想看看北极

你改变了主意。你想度过无止尽的白昼，在深夜里看见仍在地平线之上的太阳；你想在夜里追逐细长的身影，对于一名热爱大自然的摄影师而言，这是一场视觉的飨宴。假使我们想赋予这个开场白更浓厚的冬日气息，我们可能会这样开头：想度过无尽的白昼，体验一个前所未有的永恒夜晚，欣赏北极或南极的极光，而你并不畏惧寒冷。你想跨越世界的尽头，超越人类物种先天的生理限制，因为你知道自己最终能够靠着文化对抗那种限制，即使只有一下子。你也知道，科技能助你一臂之力：只需穿戴正确，一趟美好的北极之旅并非是不可能的事情。还可以保证的是：你在那儿不会出汗。北极一年里有6个月以上的时间都非常寒冷，其气温低于冰点。此外，与你所想象的正好相反，那里的环境很干燥，北极的许多地区往往有强风和降雨稀少的情形（格陵兰的某些地区的雨量极低）：有些地区则像撒哈拉大沙漠一样干旱。

因此，出发吧，将目光从北回归线（或南回归线）移开，准备穿越北极圈（或南极圈）。总之，你想要跨越那条地理学家们在距离北极不远的地方所划定的假想圈，北纬 66°33′ 的北极圈（他们也在南半球的南纬 66°33′ 处划定了与其相对应的南极圈）只要跨过这条以北极点为圆心而绕着地球球体的圆圈，你便可以在夏天的午夜看见太阳（在极圈沿线，一年里至少有一天可以看见这个景象，越接近北极点，天数则随之递增）。或者，跨过这条线，你可以体验永夜的现象，在这里，一年至少有一天的时间，太阳不会升到地平线之上。然而，以这种方式定义北极地区也有其局限性，此种定义虽然能满足地图制图员，却会令生态学家和生物学家感到有点失望。北极圈的范围之内有些不宜人居的不毛地区，也有大城市与森林。上述的方式仅采取天文学的角度描述和界定北极地区，但若以气候或生态的角度而言，此种描述便显得不太正确。根据气候学家、生态学家和生物学家的看法，只要是夏季均温维持在 10℃ 左右的北极地区便适合动物栖息。因此，地图上的虚线应该要显得比较蜿蜒，因为气候并不遵循天文学里那种规则的界线。高出此线，夏季平均气温不超过 10℃，而北半球的森林只生长在界线以南。你可以想象极地和热带地区之间的天壤之别：在热带地区，阳光及其所携带的太阳能一年四季里并没有什么显著的变化；在两极地区，夏天时，势不可挡的太阳总位于地平线之上（但总是在离地很近的地方），在其他季节里，漫长的夜晚可能持续好几个星期。这一切都是因为地轴有些微的倾斜。天文学家们认为，在地球形成的过程中，有颗原行星与地球产生碰撞，从而导致地轴以 23°27′ 的角度倾斜。若非如此，地球的自转轴会与绕行太阳的公转面垂直，而极圈、北回归线和南回归线以及各个季节也将不复存在。世界也会与我们所认识的世界相去甚远。

海鹦的喙

海鹦，又名海鹦鹉（*Fratercula arctica*），极可能是世界上最受摄影师青睐的野生动物之一。当然，它们也是遥远的北国最具代表性的形象大使之一。夏季，成千上万的游客前往冰岛和英国北部去观赏这种长着鲜艳的喙的鸟类。幽默风趣的人可能会说，海鹦的进化程度很高，已发展出专门用来吸引摄影师目光的喙。海鹦吸引了摄影技术高超的摄影师，也吸引那些摄影技术没那么高的。没错，海鹦有个极其抢镜的喙，但实际上，那种形状和颜色是天择结果，使海鹦成为一种极其能干的捕食者。的确，海鹦的喙之所以进化为如此，是为了在单一一次的狩猎中能够尽可能地捕捉到更多的鱼。它们有特别粗糙的舌头，可以用来对抗鱼类的钩状鱼刺，并帮助它们啄紧猎物，以防猎物逃跑。再度探出水面的海鹦能带回十几条鱼回巢，甚至更多。当然，它们疯狂振翅、轨迹怪异的飞行方式也许显得滑稽可笑，那看来更像是地空导弹的飞行轨迹，而不像鸟类的飞行路径，但一旦潜到水里，海鹦便是一名神乎其神的掠食者，它们的双翅立刻化为效率极高的船桨。春天时，它们的喙会变得色彩鲜艳，但这不是为了向摄影师展现（相反，就如同任何其他的动物一样，人类挥之不去的关注让它们深受其扰），而是为了吸引配偶。这是自然选择用来促进繁衍和品种多样性，从而促进众生的演化之路永续不息的妙计。

对沙漠感到着迷？

如果你向往的是一个像西伯利亚一般一望无际、人迹罕至却又不像西伯利亚那样气候严寒的地方，那么，沙漠才是你的最佳目的地。那里有沙尘、碎石、酷热的太阳和干燥的气候。都是那本搁在旅行社柜台上的小册子惹的祸！那本小册子刊载了粉橙色的沙丘、被环抱在浩瀚的岩石和沙尘间的一个绿意盎然的绿洲，以及不管从任何角度看上去都显得无穷无尽的地平线。地球表面几乎有 1/3 都为沙漠所覆盖。仔细想想，这其实不算少，但沙丘只占其中的 20%。大多数沙漠位于赤道两侧南北纬 30° 的地带。该地区在大气环流的影响下产生了某些经常性和持续性的高气压带；换句话说，那里几乎一年到头都是好天气。或许有人会问，为什么沙漠不形成于赤道一带，毕竟那是日照最强烈的地方。沙漠的形成与大气环流息息相关，后者可以说是一种仰赖太阳能而得以连续运作的行星空调系统。在赤道地区，空气因增温而有上升的趋势（就像是各位把手放在散热器上面时所感觉到的那样），从而形成一个低压区。热空气与来自于海洋的水气结合，水气慢慢上升，凝结为云，从而导致热带地区常见的对流雨，水气上升至一定的海拔高度后开始冷却，再分别往南北向南半球和北半球扩散，从而丧失其湿气。离开赤道地区之后，变得比较干冷的空气有下沉的倾向，并开始产生与赤道地区相反的作用：空气密度增高而开始增温，形成伴随着干热的风的高压带。这种无休止的环状循环现象发生于赤道和热带地区之间的天空，这正是气候学家中无人不知的哈德里环流圈。以地理学的

行李箱里的科学

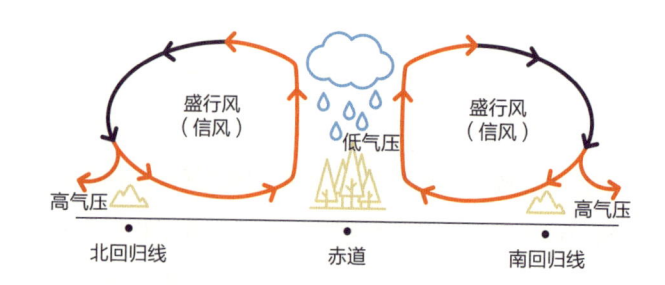

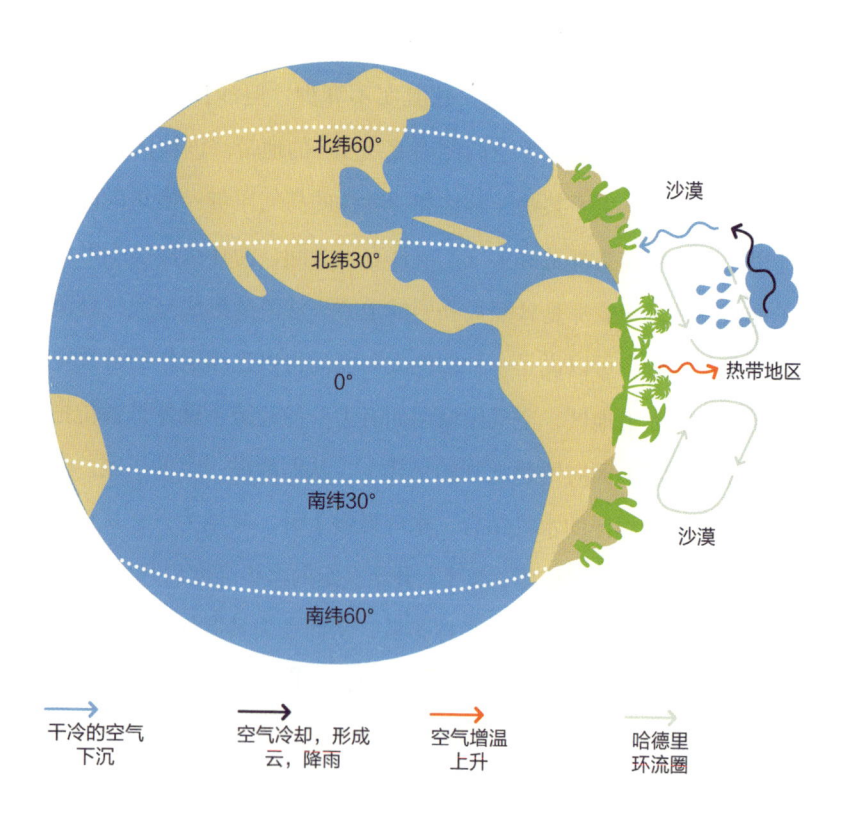

图4 哈得里环流图的运作原理，地球北纬30°至南纬30°间的一种大气现象

14

观点而言，沙漠是陆地上年平均降雨量低于250毫米的地区。此种定义本身已经很充分，因此无需指出温度这个因素，因为无论是撒哈拉沙漠（年均温为30℃左右），还是戈壁沙漠（年均温为-2℃左右，具有足以致命的大幅温度波动，夏季气温可高达50℃，冬季则可降至-40℃的低温）都是沙漠。此外，正如我们方才所提到的，甚至在两极附近也有沙漠，更别提某些酷热的沙漠里的岩石和土壤，在一年里的某些日子里它们甚至可能因为吸收了大量太阳能而增温至70℃以上：触摸便可导致灼伤。一般而言，在上述条件下，偏好湿与暖的动物和植物难以繁衍，因此，我们也许可以将沙漠定义为地球上生物活动极其稀少，几乎不存在的地方。在沙漠里，就连必须依赖水和生物才能形成的土壤也几乎完全不存在。然而，那里有时也会下一点雨，下雨的时候，由于既没有能够吸水的土壤，也没有任何干涸的植被足以拦阻地面上流动的水，因而会产生突发性的河流和大水。

某些沙漠在拦阻潮湿气流的山脉背面形成：在山区有下雨（或下雪）的情形，但越过山脉的气流却非常干燥。有些沙漠非常接近大洋的海岸，我们几乎无法想象有这样的沙漠存在：纳米比亚沙漠以及位于智利境内阿塔卡马沙漠便属此类。特别是后者，这个沙漠位于世界上最荒凉的地区之一，其中有些地带甚至400年来没下过一滴雨。此外，沙漠占据了澳大利亚80%的土地，因此，澳大利亚可以说是最典型的沙漠大陆。

季风与信风

假使你是位帆船手，你想必对季风和信风有所认识。而假使你曾为英国女王陛下效力，在一艘探索新世界的双桅横帆船上担任船长，就暂且把时间设定在17世纪左右好了，那么你便会重视有关季风和信风的知识，它们甚至会决定你选择哪条路线横越大西洋。信风是从热带的高气压地区（如某些常见于亚热带干旱地区的区域）吹往赤道地区的盛行风。简言之，它们就是我们先前已经提到过的哈德里环流圈在低海拔地区的表现。在北半球地区，在科氏力的影响之下，这些风并非单纯地从北向南朝赤道的方向吹，而是被牵引向右而从东北向西南吹。相反，在南半球，它们被牵引向左而从东南向西北吹。然而，必须注意的是：不论是在哪个半球，这些风始终形成于热带地区，并朝着极地地区的方向吹拂，两者同受科氏力的影响，在赤道以北往右偏，在赤道以南则往北偏。简言之，假使各位有意越过海格力斯之柱航向往加勒比地区，那么你最好尽早航行到南美洲的北岸，在那儿你在良好而稳定的风的帮助之下顺风而行的概率将会比较高；相反，你在回程中得朝向北欧的方向航行，在北大西洋进行大幅度的转弯，以充分利用盛行风。

几个世纪以来，海盗、商人和国王的船只都遵循着此种航行技巧。信风形成的地区便是所谓的热带辐合带，是地球上最潮湿多雨的地带。热带辐合带位于赤道附近，其范围会随着季节的不同而有些轻微的变化。在这里，海水经过旺盛的蒸发作用凝结成雨，带来丰沛或甚为丰沛的季风雨。这便是众所周知的季节性气流，也是雨季的成因。雨季有多令当地人民引颈企盼，就有多令旅人们感到忧心。在印度，季风在7月至9月间带来雨季，在这个以夏季季风闻名的季里里，陆地的温度在太阳辐射的照射之下升高，炎热得像个大火炉一般，从而使大陆的心脏地带成了一个高气压地带，特别是在干旱的西藏。高气压吸收印度洋湿润的水气，而后者就好像充满水蒸气的气流一般，撞击了喜马拉雅山脉所形成的屏障后遭到破坏。这时，山的迎风面和山下的平原地区下起强劲的大雨（在高海拔地区则导致大雪）；在印度，此类的降水可能带来每年1.5米以上的雨量（喜马拉雅山山麓的小镇

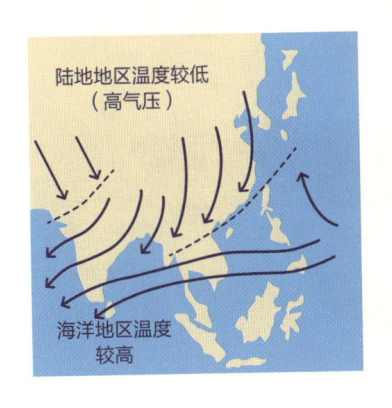

冬季季风环流　　　　　　　夏季季风环流

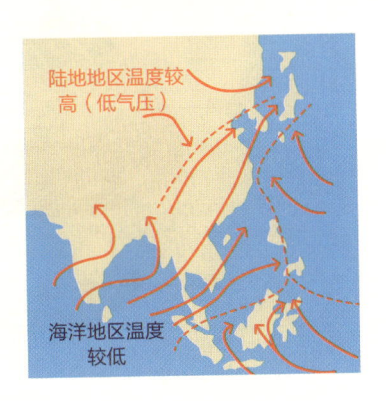

图5　季风即影响东南亚地区气候的周期性风，夏季的时候，饱含湿气的强烈海洋气流为南亚地区带来大量的降雨

17

行李箱里的科学

乞拉朋齐便有高达一年十几米的雨量）。事实上，除了印度之外，受季风影响的还包括整个印度尼西亚群岛、日本、中南半岛的部分地区以及中国的一部分（非洲和南、北美洲也有季风环流）。在这个季节里，孟加拉国的平原可能会淹水。冬季，周期反转，风从北往南吹，带来了晴朗的天气（有时候，天气晴朗导致空气极其干燥，甚至过度干燥，从而引发干旱，而干旱期如果过长，便可能引发水资源严重不足的问题）。季风和季风雨也影响非洲和北美洲，但规模较小，因此不值得为其更改行程。

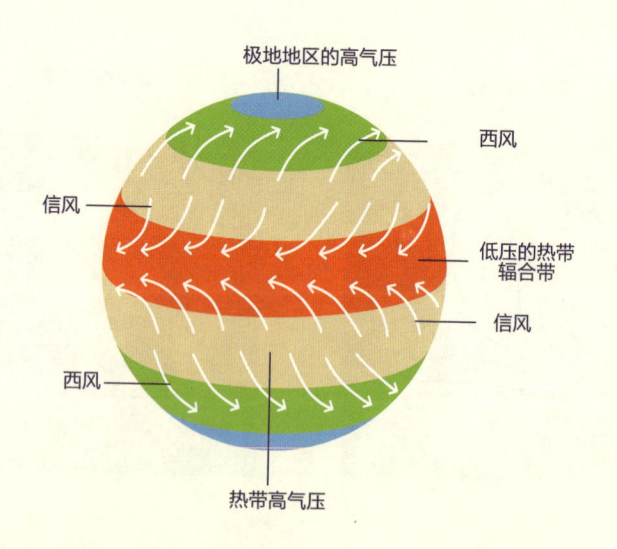

图6　信风示意图，信风即由地球自转所引起，从高气压地区往赤道低气压吹拂的风，信风是一种相当稳定的风，在海洋航行史上有着举足轻重的地位

计划旅行 / 第一章 去哪儿好呢？

你想迷失在一个大都市带里

这是个勇敢甚至可以说很冒险的选择。让我们面对现实吧：地球上原本只有一个大都市带——在19世纪末期，伦敦的人口已高达500万，在整个20世纪里，它无疑是世界上人口最多的城市——直至2015年，联合国环境规划署估计世界上共有33个大都市带（而数字有攀升的趋势），住在城市是件令人感到兴奋却也极其辛苦的事。今日，大都市的定义是拥有超过1000万居民的集合都市。当然，大都市里的工作机会像磁铁一般不断地将农村人口吸引至其新市

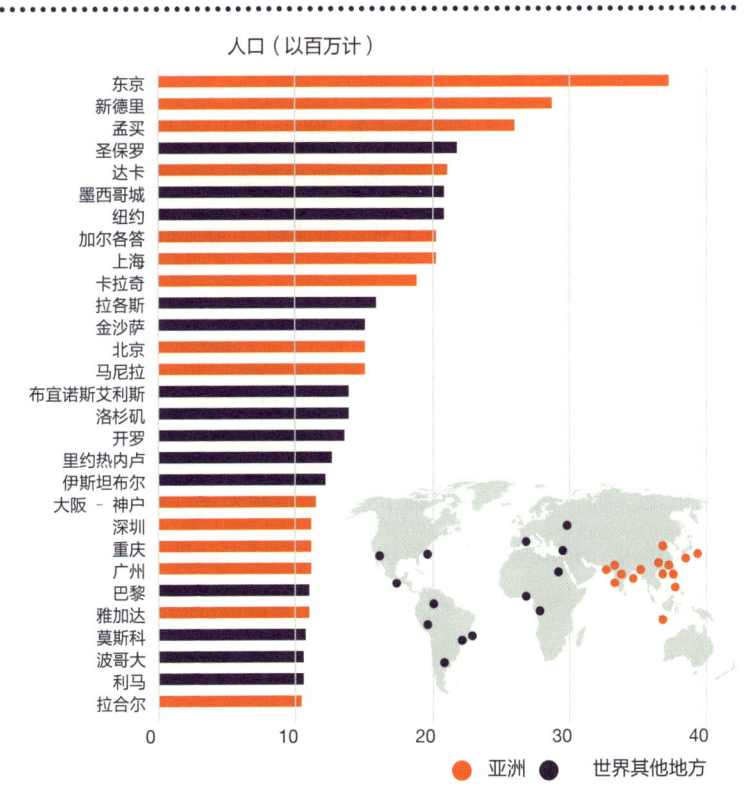

图7 世界上人口最多的城市及其分布情形

19

城市	跃居人口最多的城市的年次	人口
门菲（埃及）	公元前3100年	超过30000人
乌尔（巴比伦）	公元前2030年	65000人
巴比伦	公元前612年	超过2万人
长安（中国）	公元198年	40万人
罗马	公元25年	45万人
北京	公元1425年	60万人
君士坦丁堡	公元1650年	70万人
北京	公元1710年	90万人
伦敦	公元1825年	史上第一个人口超过500万的城市
纽约	公元1925年	史上第一个人口超过1000万的城市
东京	公元1920年	史上第一个人口超过2000万的城市

表1　跃居人口最多的城市的年次及人口统计

镇。根据世界卫生组织的统计，在2007—2010年间发生了历史性的逆转：如今，世界上有54%的人口居住在城市里（1960年时只有34%），这个数字将持续上升，预计到2030年时全球将有60%的人口生活在城市地区。

完美的城市，即人口密集、具有生产力且健全而快乐的城市，仍是一种乌托邦。所谓的智能城市仍尚未诞生，另一方面大都市带则持续成长中。

那么，何不造访一个大都市带，沉浸在未来世界般的环境里？目前，东京—横滨大都市带位居人口最多城市的排行榜首位，该地区的人口高达3700万。介绍各个现代化大都市带的清单为数众多，但你可以选择拜访一个曾经登上排行榜冠军的大都市带，而事物在时光中的变迁将令各位感到吃惊不已。历史学家特尔蒂乌斯·钱德勒制定了一份城市清单，收录了那些至少在某段时间里曾位居人口排行榜冠军的城市，各位可以参照上表。

大自然的精华

第二章

陆地上的生物多样性热点地区：亚苏尼国家公园

亚马孙是生物多样性的温床。它是地表最大的热带雨林，目前人类已知物种中的10%、已为科学所认识的鸟类中的20%、200万种昆虫以及4万种植物物种以之为家。

如果说亚马孙这个地球绿肺无需介绍，亚苏尼国家公园则不然。

亚苏尼国家公园是位于厄瓜多尔和秘鲁边境处的一块林地。这是一块占地面积与意大利的巴西利卡塔大区大小相当的区域（9800平方千米），而至少有4000种树木、596种鸟类、150种两栖动物和10万种昆虫集中聚居于此处。几年前，当一组研究人员开始研究亚马孙丛林生物多样性的"中心"时，这个小公园便取得了至关重要的地位。

行李箱里的科学

　　科学家给自己提出了以下问题：整个森林里，哪里才是生物多样性最丰富的地方？着手寻找答案的同时，他们汇总了大量来自生物学家、博物学家和生态学家的研究资料，并绘制了两栖类、鸟类、哺乳动物和植物物种的集中分布地区图。接着，他们将上述分布图重叠比对，指出了物种集中程度最高的区域，并且通过一个简单的并集中操作而找出了物种集中程度最高的一个小区域。该区域正好在亚马孙的心脏地带，位于秘鲁、厄瓜多尔和哥伦比亚三国的边境地带，其中有很大的一部分是厄瓜多尔的亚苏尼公园的一部分。而这就是这个小公园在亚马孙地区生物多样性方面拔得头筹的原因。

　　如果你想欣赏一下地球生物多样性的天堂，这就是你该去的地

图8　位于厄瓜多尔和秘鲁边境的亚苏尼国家公园

方。不过，你动作要快，当地政府刚刚批准几家石油企业在该处进行钻探，因为该国最后一个重要的油田正好位于亚苏尼公园。科学家们当然对此感到非常忧心：在亚苏尼公园的周围并不存在任何其他保护区，森林被数十家石油公司瓜分，弃守公园的决定对这个独步亚马孙和全世界的生物多样性构成了威胁。

海洋生物多样性热点地区位于印度尼西亚

海洋生物多样性的热点也有一个颇为引人入胜的名字，它被称为华莱士区。但这并非一个源自于当地的名称或词语。该地区从婆罗洲和爪哇岛东侧一直延伸到新几内亚和澳大利亚的海岸，它之所以以此名称闻名于生物学家间，是因为首先发现其丰富而多样的物种的是阿尔弗雷德·罗素·华莱士——一位英国博物学家。

1854—1862年，华莱士在这些水域航行时跟他的同事查尔斯·达尔文不约而同地得出了相同的结论；他之所以周游世界，同样是为了寻找能够解开地球生命的奥秘的关键。两人从未能就他们所观察到的内容互相切磋，那个年代里并不存在互联网，通信也是少见而零星的（特别当你搭乘着女王陛下双桅横帆船到了地球上某些偏远的角落）。正因如此，达尔文和华莱士几乎是同时将他们的研究成果寄送给他们在英国的博物学同事。这两位科学家同时研究了我们当今所认识的进化论，而达尔文在1859年以些微之差先发表了他的理论。

华莱士观察了印度尼西亚群岛的动物，划出了一条能将西侧的亚洲物种（如老虎、灵长类动物和犀牛）与东侧的巴布亚新几内亚

行李箱里的科学

特有的物种（如袋鼠一类的动物）区隔开来的界线。这个情形就好像有两个截然不同的世界彼此接触，但双方之间的交流很少，特别是无法跨越大海的那些植物和动物物种。

如今，华莱士所绘制的界线已被稍作修改，这也是因为他当年所做的都是宏观层面的观察，如今在分子生物学研究的辅助之下，物种之间的差异已经可以通过 DNA 断定。

对于专业人士而言，华莱士区也是生物地理学研究的圣地，作为一门科学，生物地理学旨在研究古代动植物的分布，因此每位生物学家一生中至少应该去那里"朝圣"一次。

华莱士区是一个位于亚洲大陆架与南半球大陆架之间的区域。在更新世的几个大冰期时，当时的海平面与今日相比低了 100 米，群岛之间，在大陆架之上形成了有利于陆生物种迁移的大陆桥。从

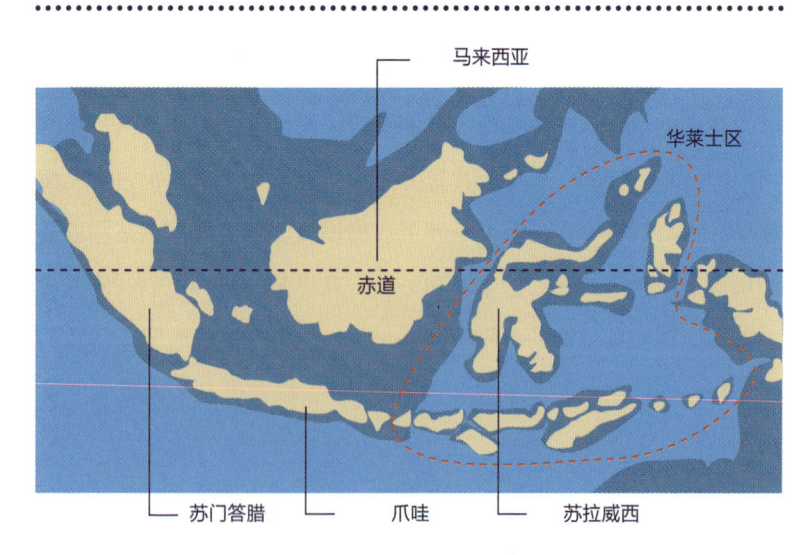

图9　华莱士区和华莱士线，以深蓝色标示的是在最近的一次冰川时期里浮出海面的土地

爪哇岛去巴厘岛无需搭乘渡轮，步行便可抵达，澳大利亚和新几内亚也彼此相连。然而，深海横亘在华莱士区里的两个大陆和岛屿之间，也隔绝了它们周围的陆地，这就是为什么欧亚大陆和澳大利亚的动物物种如此不同。

无论是从生物学还是地质学的角度而言，这些都是地球上最为复杂的区域，苏拉威西岛、帝汶岛，以及其他共同组成这个天然迷宫的数千个岛屿海底下丰富的生态源自于千百年来的隔离。尽管彼此很接近，对于栖息在这些岛屿的物种（不论是陆地物种或是海洋物种）而言，横亘它们之间的深海海域仍构成了相当的屏障。

在华莱士区的天堂里，你会发现有 1500 种原生植物、超过 127 种当地特有的哺乳动物、110 种原生鱼类（到目前为止已辨认出共 2112 种）以及 450 种珊瑚。

繁殖期的珊瑚礁

如果有人建议你去参观珊瑚礁，你想必会说，这没什么新鲜的，因为你早已耳闻澳大利亚的大堡礁。然而，请注意，因为这次旅游的某个片刻可能会在你的生命中留下深刻而难以磨灭的印记。你需要一份日历来计划行程。请打开日历，翻到 10 月、11 月或 12 月，将满月的日子圈起来，这时你就可以着手预订航班，等着体验地球上最壮观且大规模的情爱之夜。

在那几个月份里，珊瑚们举行了一场长时间的爱的庆典，期间它们产下卵子和精子。卵子和精子同步产出，而揭开序幕的是几种特别的基因，科学家们将其命名为爱情分子（隐花色素），隐花色素能感知月光中冷色系的淡蓝光的强度，并为这个数百个珊瑚物种的情爱之夜揭开序幕。按照生物学家的说法，这一切发生于满月之夜，那个时候涨潮和落潮的落差较小，因而有利于卵子和精子在被海潮冲散之前相遇。据研究人员的说法，这些基因非常原始，甚至比眼睛更早形成，即使是没有眼睛的动物和植物都能借着它们对光信号作出反应。没错，珊瑚虫没有眼睛，因此这个方法让它们得以充分利用月光，进行它们爱的活动，可说是既巧妙，又浪漫。

超越朦胧带

每当海洋生物学家潜入印度尼西亚的海域，再度浮出水面时便会带回前所未见的新物种。2015 年加州科学院的研究人员在菲律宾的海域发现了大约 100 种新的海洋生物物种。然而，为了办到这一点，他们可是冒险进入了所谓的朦胧带（源于希腊语，意为"低光照"，超出此处便是黑暗所统治的地带），位于超过 40 米深的地方，那是一个永远处在半阴影状态的环境，是世界上最不为人所知的地区之一。在这么深的地方，科学家们收集到了色彩斑斓的海洋物种，他们对于其中的 100 种甚至仍一无所知，其中包括海螺、珊瑚、海星和海胆。

给大家一个建议：你可以去参观苏拉威西岛的布纳肯国家公园，那里有全球绝无仅有的丰富珊瑚、鱼类和海绵物种，世界上 8 种巨型牡蛎中有 7 种都可以在这里找到。

塔希提岛：两个热点的综合体

假使你当真想放纵一下，可以试试双重热点，也就是在一个地方享受两个热点。若是如此，你所寻找的地方有个精确的坐标：南纬17°40′，西经149°25′。想要抵达这个地方，需要一个良好的导航系统，总之，除了利用全球定位系统（GPS）指出抵达目的地的最短路径之外，还得具备一种上好的配备——一艘船舶。没错，塔希提岛离各个大洲都非常遥远，而正是在此处，你可以一次找到两个热点（并只需支付一次的旅费）。

塔希提岛是太平洋里的一个火山岛。就如同太平洋和大西洋中的许多其他岛屿一样，它源自位于地幔中的所谓的热点（即地质热点）。地幔即位于地壳下方的高温陆地区块，其某些部分具有可塑性，在此处，我们可以找到穿过地壳并形成火山的岩浆。而有关薄薄的洋壳之下究竟为何存在着某些冒出岩浆的热点仍原因不明，学者们仍需进一步提出与此相关的假设。

然而，即使是以生物学的角度而言，塔希提岛也是一个热点。近年来（2013年），一组研究法属波利尼西亚上的昆虫的昆虫学家在这个岛上发现了100余种新品种的甲虫。他们发现的是一种体型微小的昆虫，身长只有3~8毫米，相较于老虎和小袋鼠，可谓小巧玲珑。适应辐射，也就是150万年左右的演化造就了它们如此奇特的特性，而这一切都发生在一个面积约为1000平方千米的岛屿上。岛屿的四面都没有屏障，大海和火山峰间的海拔高度相差很大。换句话说，在很小的空间里，存在着彼此截然不同的栖息地，塔希提岛的甲虫正是在此种多样化的环境中，加上它们可能很久以前就来到这个有待殖民的岛屿上，从而得以用如此特别的方式经历了多样化的发展。它们当时极可能独占了整个岛。

当今情况已经有所改变，密集的海、空交通已引进了一些外来物种，有些新进物种，如某些品种的蚂蚁，是这些塔希提岛小虫的天敌。这就是为什么塔希提岛当局强力要求旅客在来到塔希提岛之前确保自己并未患有那些足以对岛上生物构成生命威胁的疾病。

计划行程

你要去一个不可能的目的地

第三章

🟠 英属特里斯坦-达库尼亚：住在这里是不可能的

特里斯坦-达库尼亚可以说是地理学家们心中念念不忘的目的地。很难在地图上找到特里斯坦-达库尼亚岛屿：你得将目光移至大西洋的中央，寻找一个位于赤道以南的小岛，它距南非2800千米，距南美3300千米。离它最近的陆地是距其2400千米远的圣赫勒拿岛。

这个岛于1506年偶然由航海家特里斯坦-达库尼亚所发现，达库尼亚从船的甲板上看见了这个岛，因风浪过大而没能靠岸登陆，但他心血来潮地以自己的名字为这个岛屿命名。这是一座火山岛，就如同夏威夷和塔希提岛一样，这座岛屿的存在也源自于地幔的某个热点。岛的面积为98平方千米，几乎全部都为火山所占据，因此可居住的面积很小。

行李箱里的科学

岛上潮湿且多风，可以说是个不宜人居的岛屿，但岛上仍有300位从事农耕和甲壳类，特别是龙虾养殖的居民。因此，特里斯坦－达库尼亚岛是可谓有人居住的岛屿当中距离所有人、事、物最遥远的岛。

一旦来到了岛上，假使你还想去到一个更加与世隔绝的地方，那么，在距此不远的地方，你可以找到小得不得了的伊奈克塞瑟布尔岛（意为不可抵达的岛），岛屿的名称说明了一切。

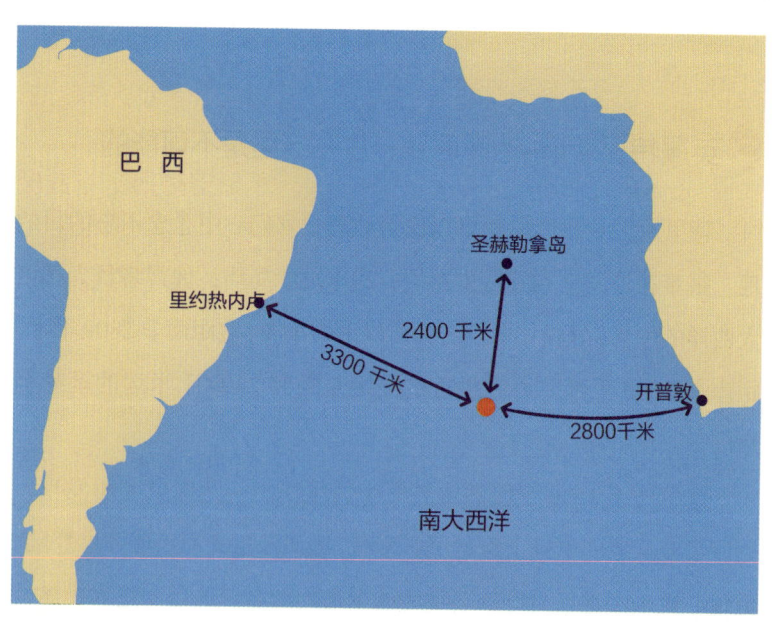

图10 特里斯坦-达库尼亚，有人居住的岛屿当中距离所有的人、事、物最遥远的岛

奥伊米亚康：生活在一个冰柜里头

欢迎来到奥伊米亚康，位于冰天雪地的萨哈（雅库特）共和国境内的一座小城，多亏了战棋游戏"战国风云"，许多人才对这个地方有所认识，否则他们根本猜都猜不到这个城市究竟位于何方。简言之，那些从来没有玩过"战国风云"的人很可能根本不认识雅库特。无论如何，这个地区确实存在，它位于幅员辽阔的西伯利亚平原的遥远的北方。

这里有最典型的大陆性气候区：炎热的夏天和严寒到冰天冻地的冬天。如果你正在寻找不宜人居住的极地，那你就找到了其中的一个：这是北半球最寒冷的地方。是的，你没有弄错，北半球最冷的地方不在北极，由于三面环海加上大气环流的影响，北极的气温较雅库特来得温和。

北半球最寒冷的寒极就在此处，在奥伊米亚康这个村庄及其周围地区，如维尔霍扬斯克村。冬天时，这里形成结构强大而稳定的高压反气旋，而这正是西伯利亚地区霜冻的成因。根据记录，奥伊米亚康曾降至 −67℃的低温，有时甚至在 7 月气温便降至零度以下，一直到 5 月才上升至零度以上。如果你喜欢寒冷，这就是适合的目的地。与位于南半球南极大陆心脏地带的寒极有所不同，奥伊米亚康和维尔霍扬斯克市是长期有居民定居的城镇。由此可以窥知人类这个物种有多么的特别，换句话说，除了炎热地区之外，人类也能征服某些可谓"不宜人居"的区域。这一切之所以可能，应当归功于人的聪明才智与科技进步，而非人体的生理适应能力。

极光会发出声响？

人一生中得去看一次极光（至少一次，本书作者绝对会竭尽所能地找机会再三前去欣赏极光）。如果你想要尽可能地把极光看个清楚，那么你便得挑战北极之夜的黑暗与寒冷。在太阳没入地平线的几个小时：这是欣赏极光的最佳时机。极光看上去像是一弯色彩柔和而泛着绿色的弧线，虽然有时可能会染上红色、紫色和黄色。极光有时会布满整个天空，

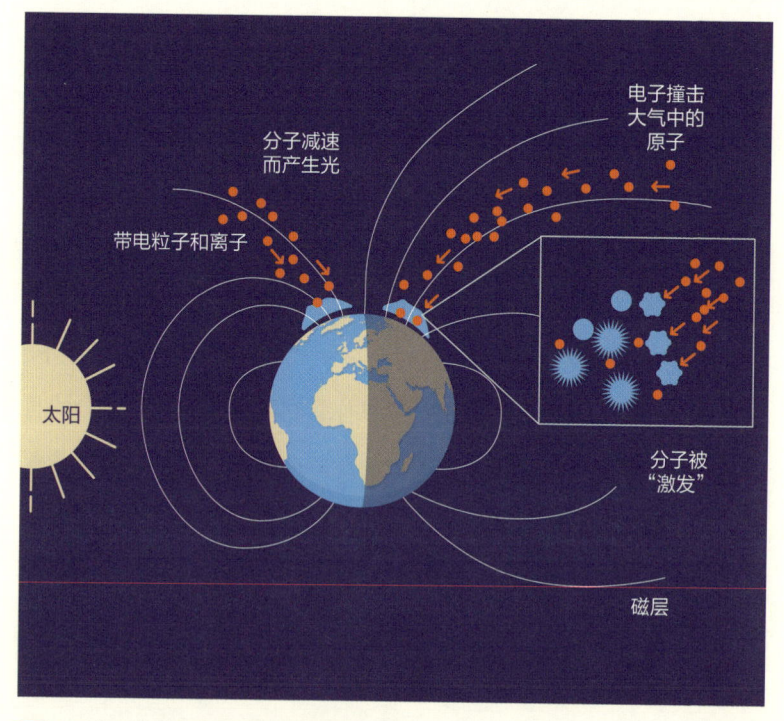

图11 太阳带电粒子在宇宙中经过漫长的旅程之后与地球磁场碰撞，流向两极地区，在该处碰撞并激发大气中的原子，从而产生光

但更多时候它是一条相当狭窄的带状物，极光并非只形成于冬季，夏季也有极光，只是在阳光的掩盖之下无法为肉眼所见（即便只是黄昏的暮光也足以掩盖极光）。

极光是一种南极和北极皆有的极地现象，当太阳的带电粒子进入地球磁场，带电粒子受到地球磁场的"牵引"，沿着地磁的力线流向两极地区，并在此遭遇高层的大气分子，激发氧分子和氢分子产生光能，从而导致绚丽多彩的发光现象。在太阳活动的高峰期，太阳发射出更强烈的电子和质子流，形成所谓的太阳风，以更大的能量撞击地球的磁层，在此期间，北极光和南极光的现象将更加明显。

但现在我们必须回答最要紧的问题：北极光会发出声响吗？如果你认为这是一个无关紧要的问题，那可就错了。许多人宣称他们曾听见过极光的声响，其他人说根本不可能发生这样的事情，与此同时，科学家花了很长的时间努力为此疑问找出一个明确的答案，但至今尚无收获。人怎么可能听得见100千米外的高空处原子碰撞的声响？有一说是某些人之所以听见声音，是源自于一种心理暗示，那声响其实是冰晶、雪花或周围的植被受挤压时发出的嘎吱作响的声音。此外，人们欣赏极光时往往保持绝对的安静……

尽管如此，最近芬兰阿尔托大学的一些研究员在该地的几个不同的海拔高度——距地表数米到数十米不等，装设了感度极高的麦克风，收听其音频轨道。根据他们的发现，在高70米左右的地方，这些带电粒子发出了一种极其微弱、连续不断的声响，并与环境中的噪声难以区别。然而，根据他们的说法，这个声音确实存在。至于其成因，研究人员之间则一阵沉默（尽管有人声称听到了微弱的声音），因为答案仍然不明。换言之，有关极光声响的原因，专家间一片死寂，但确实有个声音存在。我们只能耳听为实了。

🌐 无法抵达的极点

假使我们想找出最偏远的地方,那个距离所有人、事、物最遥远的地方,我们可以先找出每个大洲距离海岸最远的地点,并以此为出发点,然后把这些地方选为我们下次旅行的目的地。一种"发现大陆肚脐的旅行",我们出发寻找大洲概念上的中心,大洲的心脏。

这比较像是热情洋溢的地理学家的一种练习,但基本上每位旅人都拥有地理学家和探险家之魂,至少在内心深处的某个部分是如此。

因此,无法抵达的极点如下。欧亚大陆上极点的坐标为:北纬 46°17′、东经 86°40′,就在大陆的心脏地带,介于中国和哈萨克斯坦之间。事实上,这个定点是不将俄罗斯北部的鄂毕湾——一个窄而深的水湾计算在内的结果,若将其纳入几何计算,定点的坐标会稍微移动但仍会落在中国境内,一个荒芜贫瘠、只有几个零星的绿洲点缀其间的地区。

在北美洲,无法抵达的极点位于南达科他州境内北纬 43°21′、西经 101°58′,离拉皮德城不远处,干旱、人烟稀少,为错纵的河流和峡谷所雕凿的地区。相反,在南美洲,无法抵达的极点在环境方面有很大的不同:该地位于巴西亚马孙雨林里的马托格罗索高原上。在谷歌地图上,其准确位置是南纬 14°3′、西经 56°51′,令人感到有点"感伤":定点坐落在绿色的森林里,但周围的森林却成片已遭砍伐殆尽。

在非洲,无法抵达的极点位于中非共和国距刚果民主共和国边境不远处,就如同南美洲的情形一样,定点落在一处至少乍看还算完整的森林中央。最后，在澳大利亚，我们希望定点恰巧落在艾尔斯岩，这样一来造化的巧妙可说是无懈可击，而热爱计算和精度的地理学家们将为之震撼。然而事实并非如此，澳大利亚离海最远的点，距离这座传说中的名山有 200 千米之遥（其实并不算太远），这个点也落在了一个不宜人居的半沙漠地区，是荒凉的地表上不起眼的一点，而几乎每个大洲的极点皆为如此。

地理学家竭尽全力地想找出这些离海最远的极点。仔细一看，想计算出能够代表大洲极点的定点（将平原纳入考虑，并将河川地阻隔排除在外），还应考虑与村庄和交通通道之间的距离。但如此一来计算将变得相当复杂。

然而，假使你在拜访过特里斯坦－达库尼亚岛和伊奈克塞瑟布尔岛之后你真的想超越一切极限去到世界的尽头，那么你不妨尝试太平洋的极点。该点位于南纬 48°52′，西经 123°23′。那里什么也没有，方圆 2680 千米内空无一物，在那里，你能遇见最外围的皮特凯恩群岛环礁，其存在甚至可能令地理学家感到不知所措。

告诉我你住哪儿，我就告诉你放多少假

旅行的欲望似乎不断攀升。随着某些经济体的成长，似乎越来越多的人负担得起愉快的假期。然而，即便是发达先进的经济体，其社会内部仍存在着巨大的不均：许多员工放弃休假，而这不仅仅是公司主管的错。

根据一份针对亚洲、欧洲、北美洲和南美洲的9273名员工所作的研究报告，亿客行旅游网发现员工们面对假期持截然不同的态度。以全球而言，雇员们每年约有25天左右的休假（排除国家法定假日不算），但他们只享用了其中的80%，而将剩余的20%留给了办公室和公司。德国、法国、意大利、西班牙、瑞典、丹麦和芬兰的员工依法享有整整30天的年假，而他们可说是尽可能地用掉了所有的年假，美洲的风气则大不相同，在15天的年假里，员工们平均只利用了其中的11天。

亿客行旅游网甚至半开玩笑地做了一个简单但发人深省的数学计算：若说美国有1.22亿名全职员工，他们一年里总计放弃了5亿天的休假日。根据亿客行旅游网的说法，在欧洲以外的地区，带薪休假更像是种奢侈品，而不是一项权益：韩国的员工依法有15天的年假，但他们平均只使用其中的6天。

另一项有关人的心情所作的分析也很有趣：79%的员工认为假期与幸福感之间"存在着某种关联"。那么，他们为什么不把所有可休的年假都休掉以活得更加幸福快乐呢？而为什么请一天假会令22%的人"感到内疚"？韩国人究竟接受了些什么信息，以至于67%的人会为请一天的假而感到内疚？雇主、臭名昭著的老板，当然脱不了关系，因为有59%的员工声称雇主"不赞成休假"（至少他们不赞成"自己以外的人"休假）。也许韩国的老板可以把挪威的老板拿来跟自己对照一下，试着了解为什么在这个习惯面对恶劣的气候和辛苦的工作，并以此自豪的维京国度里有84%的雇主能面带微笑地受理员工的休假，还不忘敦促他们寄些游玩的照片回来。没错，事实显示，总体而言有84%的员工认为自己在假期之后感到更快乐。一言以蔽之，在许多国家，工作似乎被视为一种权利，而空闲时间则否。

计划行程 / 第三章 你要去一个不可能的目的地

国名	可休假的天数	实际休假天数	未使用的天数
巴西	30	30	–
丹麦	30	28	2
芬兰	30	30	–
法国	30	30	–
德国	30	30	–
意大利	30	25	5
西班牙	30	30	–
瑞典	30	25	5
阿拉伯联合酋长国	30	30	–
英国	25	25	–
奥地利	25	25	–
荷兰	25	22	3
挪威	25	25	–
爱尔兰	21	20	1
澳大利亚	20	18	2
印度	20	15	5
日本	20	12	8
新西兰	20	15	5
加拿大	15	15	–
墨西哥	15	12	3
新加坡	15	14	1
韩国	15	6	9
美国	15	11	4
马来西亚	14	10	4
泰国	10	10	–

20% 20%的员工放弃休假

22% 22%的员工会因休假而感到愧疚

84% 84%的员工在假期之后感到更快乐

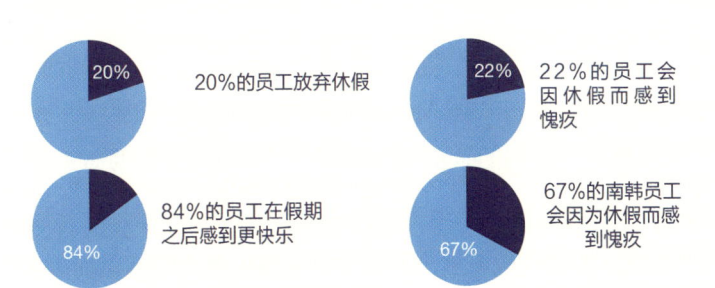

67% 67%的南韩员工会因为休假而感到愧疚

表2 上表指出各个国家休假的天数、员工实际休假的天数，日本的案例显示，在20天的休假中，员工们平均只休了12天
资料来源：亿客旅游网

37

行李箱里的科学

🌐 地球上是否仍存在未受污染的地方？

不存在。没错，旅游手册上是这样写的，可惜的是，答案确实为否：不再有纯净而未受污染的地方存在。没办法，空气四处流动，水源相互汇流，人类的足迹遍及各处，他们修建道路、城市和工厂，就连远离污染源的大大小小的地方也终究会因上述的一切而遭受污染。

从南极冰层到喜马拉雅山的山峰，人类活动的痕迹遍及各处。科学家们在这座亚洲高山的各个山峰上装设了传感器，借此测量翻山越岭而来到此处的颗粒的浓度和类型：大部分是悬浮颗粒，源自于恒河平原里稠密人口的燃烧排放，颗粒翻过山头，飞越西藏上空，往北扩散。

关于南极洲，我们又能说些什么呢？南极洲是地球上最偏远、交通最不便的大陆，象征着荒野的最后一个疆界，但它其实已不再那么遥远。当然，南极洲周围有种天然的屏障：环绕南极洲四周的海洋和大气确保一定程度的隔离，但专家已发出警告，如今这座冰雪大陆的雪地、地衣、苔藓以及海洋生物体内已发现金属、杀虫剂和其他大气污染物的痕迹。

研究人员在南极的冰层及动物体内发现了五花八门的东西，从农药的痕迹（比如20世纪60年代常用的DDT，还有美国在20世纪60—70年代广为使用的杀虫剂毒杀芬，以及俗称林丹的 γ - 六氯环己烷，目前已被禁止的一种神经毒素）到核试验的放射性产物，后者很可能是从数十或数千千米外位于北半球的原产地远道而来。此外，研究人员还化验出天然的和人为制造的汞、有机和无机污染物。

至于海洋，我们能说些什么呢？看上去像是水母的可能是塑料袋。塑料微粒可能被误认为是浮游生物，为此感到混淆的不只是我们人类，海洋动物和鸟类也会将它们误认为是食物而误食。研究人员在太平洋的某些区域发现了为数比浮游生物高出6倍的塑料微粒。自1964年以来，塑料产量增长了20倍，未来20年里也将持续增长。2015年一篇发表在《科学》杂志上的研究指出，大陆周围的海洋里漂浮着5万~1300万吨的塑料，专家对世人提出警告，假使我们无法在2025年内针对这个问题做出补救，届时海洋中塑料的数量将会增长10倍。

名列排行榜前20名的海洋废塑料制造者包括中国、印度尼西亚和菲律宾等国。这些国家的经济正迅速发展，废物管理却跟不上经济发展的脚步。根据专家的说法，再这样下去，到2050年左右，海面上塑料的数量会比鱼类的数量还要多。

因此，不存在未受污染的地方。事实便是如此，但我们必须声明：50年前，人们对于这个问题可能所知甚少，甚至一无所知，但如今多亏了科学，这些事实已经摊开在世人面前，我们能够意识、思考并有所作为。目前，我们可以开始考虑减少包装（塑料水瓶是否可以用其他物质替代）；可以开始认真响应资源回收，并减少化妆品的使用（有些化妆品甚至可能含有高达30万颗塑料微粒，相当于该产品4.2%的成分），因为这些微粒随后会进到水槽里，从水槽流到河流里，最后随着水产品回到我们的肚子里——祝大家好胃口。

跨洋之旅—类的不可能的旅游

自古以来,乘着船静静地穿越北极就是许多人的梦想。欧洲制图员原本安然接受自己对于地球所具备的渺小的认识,但有一天,他们认为自己掌握了各种必要信息而可以绘制两极地区的地图。大约在16世纪中叶的时候,幻想、谣言,加上冒险家和捕鲸者所作的不完整的描述,制图员们相信北极是一个可以航行的地区,四周则围绕着被冰雪所覆盖并有4条(还能有几条呢)渠道或河流流经的陆地,据说这些河川最后汇流至一个没有浮冰的极地海洋,而上述一切仍有待探索。要是他们当初采访了因纽特人或西伯利亚的居民,他们可能会获得较为可靠的消息,而不是绘制了一幅被沿用了一个世纪之久而且错得很离谱的地图。

1569年,著名的制图员杰尔拉多·墨卡托雷将上述信息画入航海地图,没有人费心去检查并适时提出反驳。他所犯的错误被复制到其他地图上,一而再再而三地被复制,最后确立下来:每个生活在16—18世纪间的航海家都会声称极地地区有个可以通航的海洋,重点是要找到它的入口。而许多捕鲸人可能都会对此摇头反对,他们在浮冰上一待就是好几个月,要是真有个海洋,他们不会不知道,但捕鲸人的声音远不及欧洲学术殿堂的学者的发言来得有份量。

当然,假使这个通道当真存在……那可真是个航海革命!亚洲和欧洲间的航行距离将因此缩短。因此,为了寻找这个通道,葡萄牙、英国和其他欧洲国家派遣了探险家和航海家,而他们当中有许多人就此一去不返。

这些都是历史。不过故事还没有结束,即使是今日我们对于北极海冰及其附属地区的认识仍然不完整。如今,认识整个北极的梦想可望实现(而几年前,我们大概只能说"也许可以")。

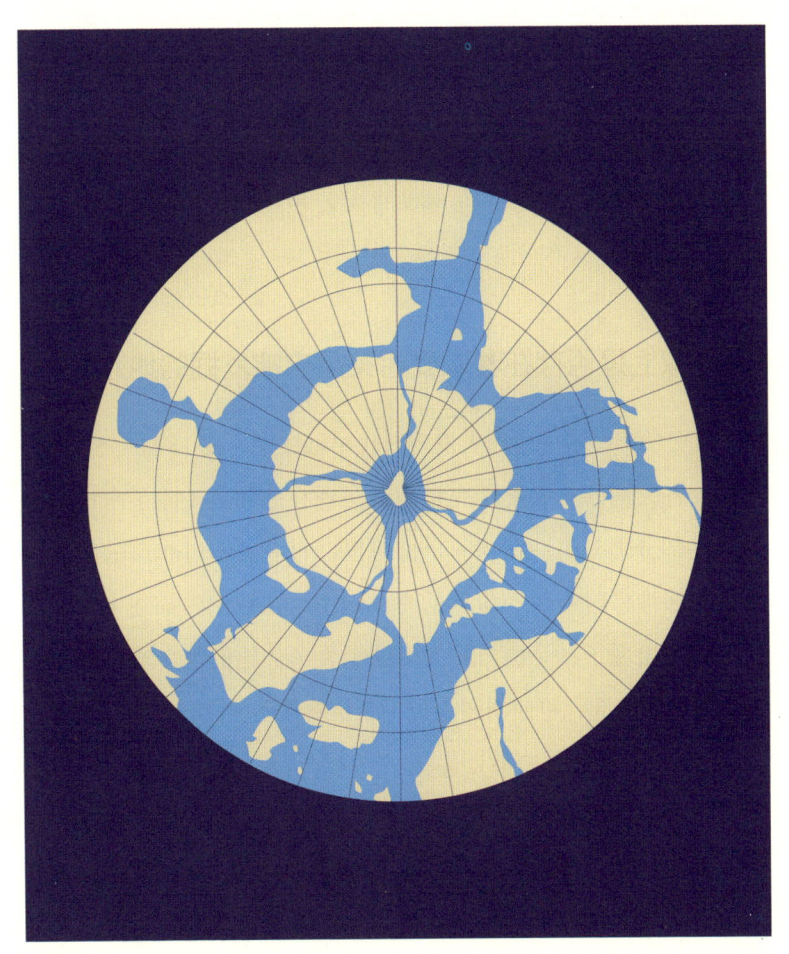

图12　1595年著名制图员杰尔拉多·墨卡托雷仍相信有个可航行的极地海洋存在,其四周被神秘而寒冷的陆地所包围,但据说人们可以通过4个神秘渠道航行至该海洋

多年来，游客可以搭乘破冰船到达北极点。这是一个相当昂贵的行程，但仍有人想要得偿此愿。根据科学家的说法，极地航路即穿越北极，将欧洲北部沿岸与中国和东南亚地区连接起来的航路几乎已经准备就绪。在气候变化的作用之下，极地冰川正在消退缩小。近来发表于《美国科学院院报》的一项研究指出，美国加州大学洛杉矶分校的一些学者声称，在2050年以前，极圈路线（东北和西北部的通道）将不需要破冰船便能经常通行，而极地航路的航途中很可能只会遭遇到一些无关紧要的碎冰。荷兰的鹿特丹和日本横滨之间的航程所需的时间和燃油消耗量将减少40%。

地球上是否存在着未受污染且未被发掘的地方？

历史学家口中的地理大发现时代早已结束。在15世纪至18世纪末，各大洲的轮廓终于完整地被呈现在地图上（除了南极大陆的某些部分之外）。在这4个世纪里，每一艘越过赤道的船只总会在返回港口时带回一份新的海洋地图。在他们的描述中，一些新的岛屿出现了，一些旧的岛屿则消失了，他们也会通报新的海湾和海岸的轮廓，迫使制图人员不断重新绘制地图。

当然，人类在那之后还得花上一两个世纪的时间才得以深入各个大陆：一直到1840年，欧洲人才发现乞力马扎罗山的存在，而第一个在1911年抵达南极点的是挪威探险家罗尔德·阿蒙森（Roald Amundsen）。如今地球上所有的主要山峰都已被登顶，因此未经发掘的地方所剩无几。尽管如此,仍有未知的地方存在,无论是海上还是陆地上……其实,仔细一看,地球表面仍有很大一部分有待探索并为其绘制地图,但那个部分被淹在水底。而我们若想在接下来的假期里去探索未知的土地,充当新一代的印第安纳·琼斯,这可不是一件容易的事,因为我们所谈论的是海洋。

海洋覆盖地球表面的 2/3 左右,假使有个外星人要我们用文字描述一下我们的地球,我们应该说,地球是一个有许多土地浮在水面上的水的行星。地球上的海洋只有 5% 已被人类探索和详细认识,海洋的其他部分比月球表面更不为人所知。有关海洋深处的探索仍处于起步阶段,今后,历史学家提起公元 2000 年时,想必会称其为"人类对海洋仍然知之甚少"的一个时代。

即使在陆地上也还有一些有待探索的地区,但那都是些狭窄、阴暗的地方。的确,仍然有无数的洞穴等着人们去发掘、探索并为其绘制地图:有许多地面岩丘的内部被侵蚀,蜿蜒的隧道和渠道穿梭其间,其中有些被水淹没,其余的则可以通行,空气在里面自由流通。这便是所谓的幽暗深渊和黑暗洞穴,因此我们可以说,几乎只剩一些暗无天日的地方仍有待探索:即海底和地底的深渊。

但我们还是脚踏实地的好,因为探索海底和地底的深渊真的不是一般大众所能胜任之事。的确,亚马孙热带雨林的某些角落几乎仍原封不动、有待发掘,南极也一样(虽然那里的景观可能有点单调)。

旅游业：可不是只有你们在旅行

经济危机与否，旅游业仍持续增长。而我们所说的是大幅度的增长。以下提供一些数据，让大家有个概念：1950年时，决定要出国旅游的观光客人数为2500万人（总之，还不算少，等于是整个东京城市群的人一起出发度假），2000年时，有6.98亿人次（没错，这正是美国总人口的两倍），而2010年时，已经有10.06亿人出国旅行。从1950年至今，每年的增长率约为4%（大约如此，但有微小而持续的增长），据估计至2030年国际游客（那些离开他们的国家去度假的游人）将达到18亿人（等于是全印度加上整个欧洲的人口一起上路）。欧洲仍是吸引广大游客的一块磁铁，45%的游客前往欧洲（2014年有5.84亿人造访欧洲），但亚洲旅游正在增长中，如果说1995年时有14%的游客对亚洲感兴趣，如今它吸引了国际旅游市场25%的旅客。

至于花费的大小，德国仍然居冠：德国游客为旅游市场贡献了770亿美元，美国和中国的旅客则紧追其后。总的来说，2010年的总营业额约为10000亿美元，2014年则为15000亿美元。特别是中国，大量的中国旅客决定出游：在1995年的经济数据中，中国人对出国度假的市值的贡献可以说是微不足道，如今数据已突破1200亿美元。印度人也想出游，从几十年前所记录的微小数值，到2015年，印度人花费了400亿美元造访其他国家。经济生长的同时，中产阶级也随之产生，行李箱的销售量随之飙升。

据联合国世界旅游组织的说法，旅游业的市场几乎已能与石油天然气的出口相抗衡，旅游业所输出的旅客人数比汽车的外销量还要多。它为全球经济增长、出口和服务业分别带来 10%、6% 和 30% 的贡献。对布基纳法索、冈比亚、海地、马达加斯加和尼泊尔等国家而言，旅游业是主要的收入来源。

因此，想要启程去旅行的可不只有你们自己。伫足于一幅展示新西兰的自然之美或曼哈顿天际的巨型海报前并开始为下一个旅程做打算的不只有你们。与你们成群结伴的旅客可多了，其中还包括某些细菌和病毒、文化的交汇与冲突、财物和物资，这一切都已做好随时被输出或输入的准备。

在短短的几十年之内，人们走出家门遇上游客的概率已比遇上邻居的概率要高。

地球上是否存在着未曾与外界沟通的文化？

技术上，这也可以被称为与世隔绝的文化，也就是那些从来没有与其他社会接触过的文化。这个问题不容易回答，因为假使这些文化从未与其他文化接触过，那么科学界想必也不会认识它们。据《新科学人》期刊所指出，在世界各地可能有 100 个左右此类的土著社群。然而，没错，我们无从得知其确切的数目与位置，但其中大部分应位于南美洲和新几内亚岛。巴西政府利用空中侦察和访谈土著进行了一项人口调查，调查结果显示，该国约有 77 个原始部落。秘鲁据估计有 15 个左右，厄瓜多尔境内有 1 个，但在亚马孙河流域应该还散布着一些不为人知的部落。有些部落位于印度尼西亚和新几内亚境内，但为数甚少，在缅甸外海的安达曼群岛则有两个。据说在马来西亚和中非可能还有几个，但我们对它们一无所知。然而，它们的发现极可能是迟早的事，神隐文化的计数器终将归零。

不幸的是，主流社会与土著民族的接触几乎都给后者带来了灾难性的后果。的确，他们与矿工、伐木工人、猎人，甚至是石油公司的工人之间零星接触所引发的往往是冲突，而非"邂逅"。而即使没有发生冲突，来自现代都市环境的人所携带的病毒往往让他们深受其害。对于这些民族而言，暴露在那些我们早已发展出抗体并能以简单的药物治愈的病毒之中只会带来毁灭性的后果。

如今，有关这些族群，只剩下脆弱而暴露在危险当中的部落。来自外部的压力似乎无可抵挡：欧洲人或说麦士蒂索人（即欧洲殖民者与美洲原住民祖先混血而成的拉丁民族）与森林里的土著居民之间的接触愈发频繁，土著愈来愈常主动离开森林造访周遭的村庄，而不时发生的突袭往往会导致土著和外界人士之间的摩擦。

因此，在造访"全然原始"的族群之前，应该事先做个功课：既然你都能去拜访这个地方了，极有可能该处根本算不上全然原始。而这也不是一件坏事，相较于一个完全与其历史断根的族群，或许通过旅游业延续传统还比较好。但是，假使真的有个孤立的社会存在，它最好别被一个偶然闯入的不速之客发现。毕竟，造访那些地方也没那么重要，我们满足于知道它们的存在就好了。

最便宜的旅行社未必是最好的

让我们谈一谈效率。如果效率意味着在能量的消耗量减至最低的前提下达成目标（因此，广义而言，金钱和时间也应计算在内），你当真以为按照机票的价格挑选飞往曼谷的班机是最适当的做法吗？据北卡罗莱纳州立大学营销学教授桑基尔·穆恩（Sangkil Moon）和杜克大学的研究人员华格纳·卡马库拉（Wagner Kamakura）的看法，时下的机票销售网点目前并未提供取得最佳"费率"的工具。

因此，搜寻一架廉价航班，大多数时候，你会按照价格由最低到最高地挑选。第二步，你也许会查询转机的次数，甚至还有转机所需的时间。然而，根据上述两位专家想要取得最佳的效率，我们必须诉诸一个能够找出飞行质量（除了上面所提到的，还须考虑包括机场通关手续的速度或地面和机上的服务等其他的方面，这一切都大有关系，尽管它们对于机票票价不构成影响）和机票价格之间的最佳折衷方案的工具。多一次的中途停留对于旅客而言意味着相当大的体力消耗，我们可以称之为疲劳，举例来说，旅客可能因此生病。此外，那也意味着额外的费用——我饿了，于是我在机场买了三明治和橙汁！

两位研究人员构建了一个统计模型，用以提高搜寻到"理想"机票的效率。可惜的是，到目前为止这项工具仍停留在雏形阶段，所以还没有任何经济实惠的手机软件可供你下载到智能手机里使用。因此，网络上还不存在帮助我们"有效率地"选择班机的工具，但根据两位专家的说法，这项工具的发明是迟早的事。

同一时间，两位专家呼吁游客们仔细评比各种网络平台的报价，我们不应满足于最低报价，而应同时考虑服务和航班的质量。此外，研究人员提供了一个实际的建议：最理想的网站并非直接提供一个往返航班的网站，而是除了去程航班之外还提供多个返程航班选择的网站，因为这样一来，客户会有更多的选项，从而提升了作出最后决定的效率。

选择希尔顿酒店还是空中食宿？

预订好酒店，选择了游行社、出租车服务和餐厅，再撕下支票，你已经准备好要出发了——这是传统旅游的方式。当今，每天都有新的机会，越来越多的网络平台让私人卖方可以提供服务，甚至是短期的服务。你想出租家里的一个房间吗？你愿意以一个适中的价位让过路的游客饱餐一顿吗？你有一辆车，而你不介意让人搭个顺风车，从罗马出发一同前往法兰克福是吗（实际上，你自己也可充当司机）？你有一台可以出借半天的自行车？好的，当今，你大可以这么做，如此，你便参与了分享型经济（sharing economy）：分享型经济是一种结合新科技，如互联网及其他的经济模式，让人们可以共享基础设施、物品以及技能，例如，充当导游或汽车司机，有人甚至开始推出旅行摄影师的服务，随团拍摄全程的旅游摄影日志。

根据专家的说法，不论是观光产业服务的供应还是需求，分享型经济正处于扩张阶段。这是 21 世纪最具代表性的经济现象，但作为一种新趋势，研究这个经济模式效能的相关科学研究仍处于起步阶段。可以肯定的是，分享型经济给欧洲的旅游业带来了一场真正的革命。以 2015 年参访欧洲的 5 亿人次来看（2000 年时为 3.31 亿人次），如果你在一个观光业发达的城市里有一个多余的床位，将这个床位提供给旅客会是一项很好的商机。

麻省理工学院的一项研究得出以下结论：使用上述服务的首要动机就是便利性。这项结论显得平淡无奇吗？很难说。长期以来，传统的旅游业都只是少数人才能负担的奢侈品，如今观光客的人数增加了（而游客人数在接二连三的经济危机后不减反增），但对游客的钱包大小平均而言却缩水了。此外，该项研究还指出，社交网络的使用对于建立消费者的信赖感具有举足轻重的影响，因为消费者本身可以参与该类的服务，他们可以分享、评论，并针对服务质量给予评价。因此，在分享型经济中，使用一项服务的消费者也成为了该项服务的制造者。

除了便利性的因素之外，这种模式的背后还有更多意义。举例来说，假使你有一辆闲置不用的车辆，而你就这么将它搁在户外或车库中自生自灭，任凭它们如此度过一生当中的92%～96%的时光。在一个经济和环境压力不断攀升的世界里，难道你不觉得与别人分享这辆车是个明智的选择吗？的确，对于许多在这些平台上寻找机会的游客而言，环保也是他们的动机之一。

你对于分享型经济的潜力仍不太有信心，是吗？那么举个例子好了，我们只需对空中食宿的发展稍作观察，如今，于2008年从零开始的空中食宿所能提供的床位已超越规模宏大的希尔顿集团。欧盟的数据指出，2015年9月，有4000万人通过空中食宿预订床位。

然而，也不乏有人开始呼吁大家要小心这种模式。2015年发表于《福布斯》杂志的一篇文章指出，联合国世界旅游组织的秘书长注意到，分享型经济的工具在两年之前甚至从未出现在该组织的会议议程中，但当时俨然已成为该次会议的主题。如今，与其有关问题开始出现，特别是有关立法和安全的问题，因此，专家们已经开始研究这个模式。

值得注意的是，许多声称分享型经济能为经济和环境带来积极影响的说法尚未得到可靠的科学研究的左证（目前仍言之过早）。因此，我们必须等待第一批科学报告发表之后，才能针对此种模式所带来的正面或负面影响达成结论。

无论如何，让我们做好准备，因为相较于科学研究，马力充足的市场已大步向前迈进，而分享型经济给旅游服务业的丛林增添了一份连真正的丛林也不得不为之称羡的多样性。而我们很可能在启程之前便已迷失在多样化的选择之中。

收拾行李

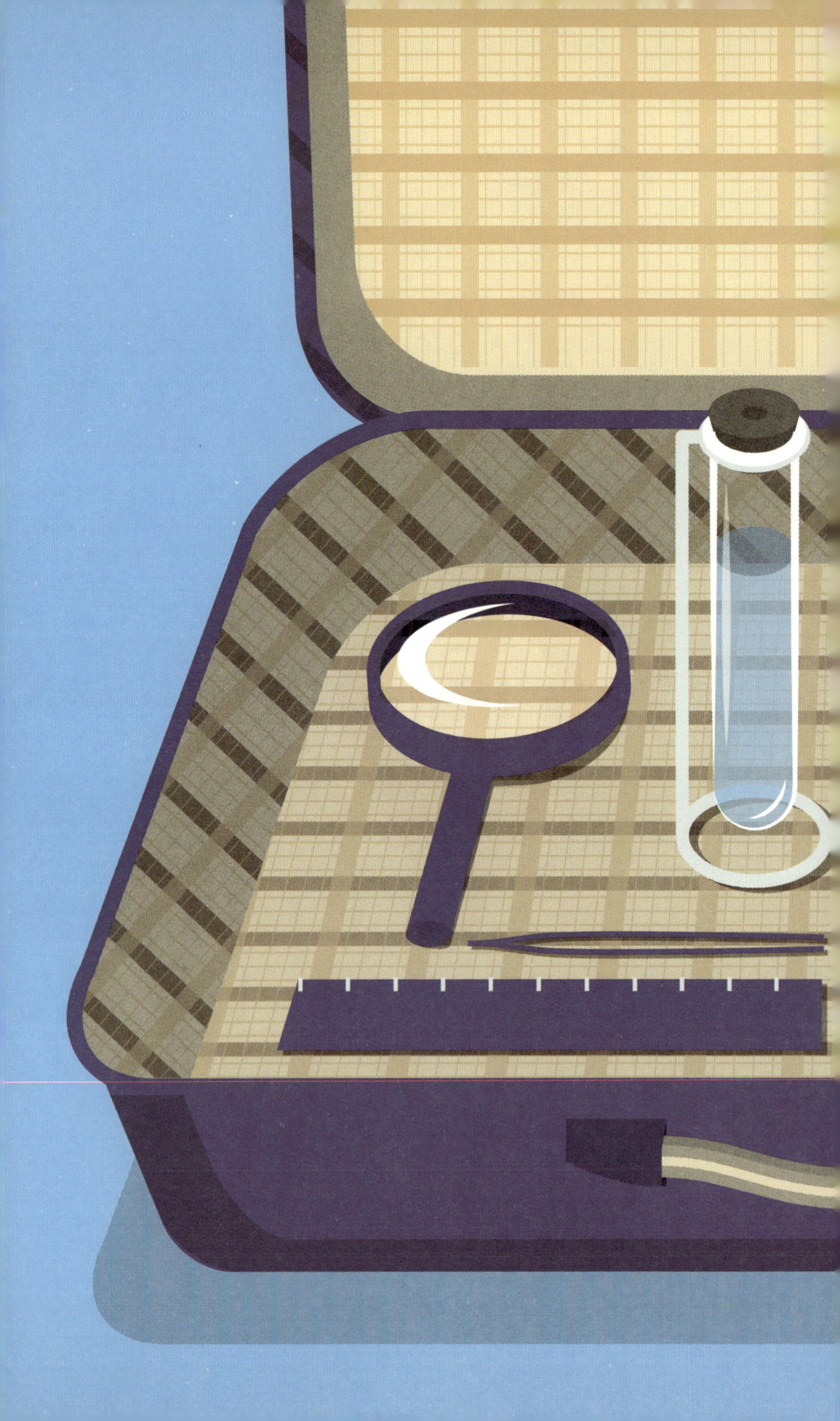

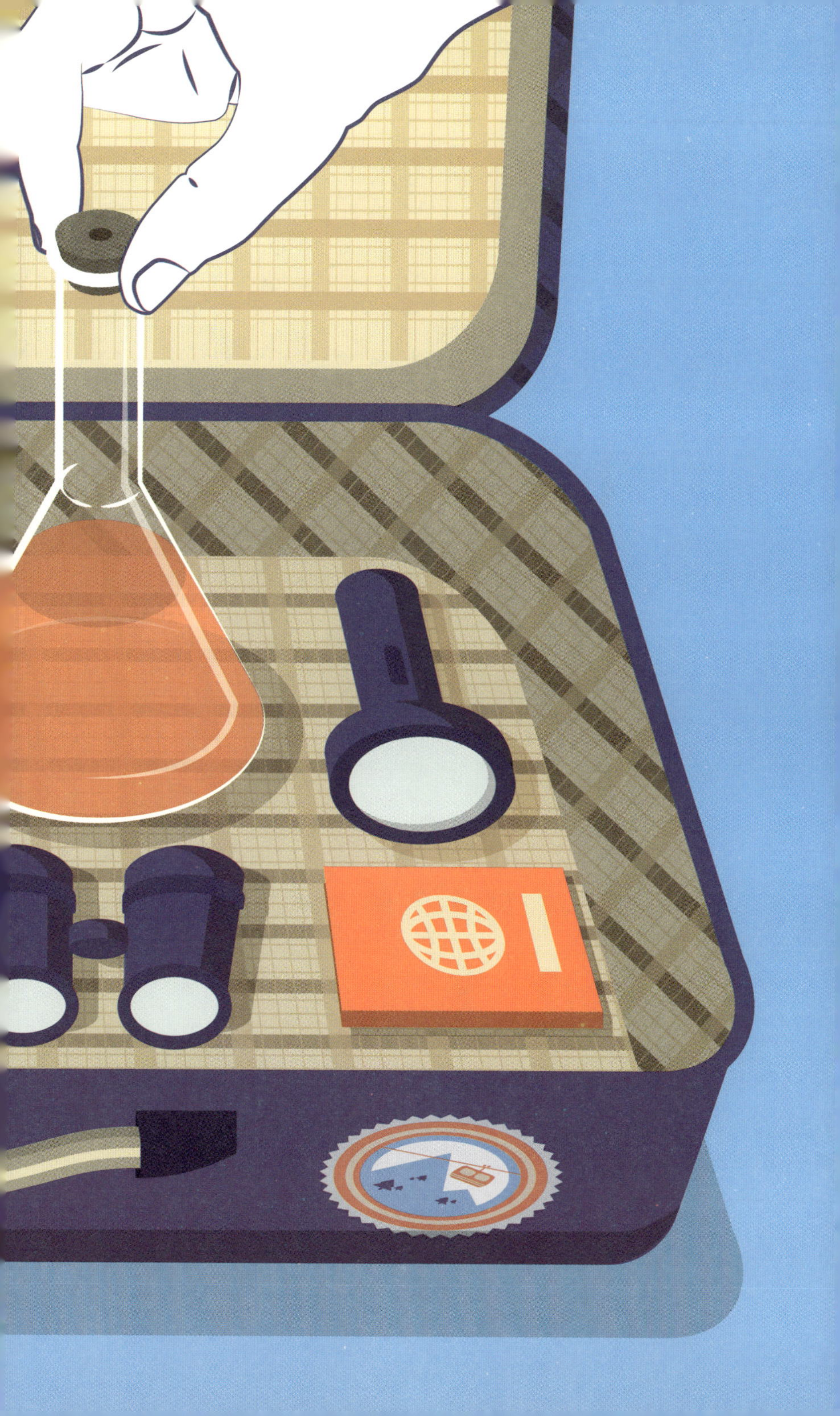

| 收拾行李

热带疾病

第四章

🧳 人人都有风险

许多感染和疾病可能会在旅程中袭击我们。在这本简短的书里，我不可能提及所有的感染和疾病，所以我们会集中讨论蚊子的话题。

有关蚊子一类的昆虫以及那些利用它们而侵入我们身体的寄生虫，我们向来无好感，但它们对我们可说是了如指掌，因此从长远来看，在与蚊子之间的战争中，人类终究会以战败收场：它们上战场的资历比我们久得多了，并有数百万年在野外埋伏与攻击的经验。早在人类出现以前，昆虫便已开始骚扰其他脊椎动物。人类已知最古老的蚊子的祖先早在 1 亿年前出现，它们在恐龙的四周飞行，并一代接着一代地存活到我们这个年代。

中生代末期的恐龙灭绝并没有对这些昆虫带来很大的影响，相反，蚊子适应得很快。从进化的角度来看，它们的生存模式非常有效率，因此在过去的 1 亿年以来它们的演化极其有限。毕竟，原本就完善有效的生理机能又有什么好改变的？此外到处都有蚊子，它们遍布各个纬度和气候区，并且适应了该处环境而得以更有效地利用它们的猎物：也就是我们人类和其他动物。有超过 3500 种为人类所认识的蚊子物种（相较之下，现存的人类只有一种），它们每两星期便可以产下 200 个以上的卵，所以，它们采取的是一种以量取胜的战略：它们体型虽小，却能在战场上制造出浩大的声势。正如你所看到的，在数量上人类屈居劣势。

旅行时需要注意提防的蚊子有两种：伊蚊和按蚊，伊蚊适应力极强，它们生活在人类的四周，在下水道系统、不流动的水潭和排水系统里繁衍。前者是登革热、黄热病和基孔肯尼亚热的携带者；后者则散布疟疾，且遍布半个地球（顺道一提，它们活跃的地区正好是地球人口最为稠密的地区）。前者在白天和夜晚都很活跃，后者则在黄昏后才开始活动。

如果说近几年在国际社会的努力下，疟疾的影响范围正逐年缩小，其他害虫的危害则有扩张的趋势，它们所携带的疾病也随之传播。登革热便是一例，目前为止不存在能有效治疗登革热的疫苗或其他药方，而事实证明，简单的蚊帐是对抗登革热最有效的工具，但在对抗疟疾方面则没有成效，因为携带疟疾的蚊子在白天活动。有关登革热，医生所能做的便是减轻不适与疼痛；无论如何，其危险程度低于疟疾。基孔肯尼亚热则较令人担忧，这个疾病正迅速扩散，但它不会致命。基孔肯尼亚热是一种病毒性传染病，不同于疟疾，目前并没有相关疫苗或抗病毒药物存在。无论是登革热还是基孔肯尼亚热都会引起剧烈的疼痛、恶心、关节痛，而极其罕见的致死病例都与病人本身的病史有关。

疾病	病媒	传染地区
疟疾	蚊子	热带和亚热带地区
黄热病	蚊子	非洲和中、南美洲的热带地区
登革热	蚊子	非洲的热带地区、东南亚、南美洲和太平洋地区
日本脑炎	蚊子	远东地区和东南亚
西尼罗河病毒	蚊子	非洲、西亚、中东、美国
蜱传脑炎	蜱	中欧、东欧、斯堪的纳维亚半岛以及俄罗斯的森林地区
丝虫病	蚊子	热带和亚热带地区
莱姆病	蜱	欧洲、美国、澳大利亚、中国、日本
利什曼病	白蛉	包括地中海地区在内的热带和亚热带地区
昏睡病	舌蝇	南非
恰加斯病	吸血猎蝽虫	中美和南美
斑疹伤寒	恙螨幼虫	全世界
瘟疫	跳蚤	全世界

表3 主要疾病、病媒及其传染地区

辣的东西是否真的能杀菌？

当然！就如同在所有炎热的国家，在印度，长久以来香料被用来保存食品，而之所以如此，正是因为香料具有杀菌的功效。因此，热带地区必定会发展出辛辣的菜肴，这是显而易见的事实，因为导致食物腐坏的细菌在热带地区也较为活跃。自古以来，这便是一场竞赛，要么是我们先用餐，要么是细菌先用餐，直到人类发明了冰箱。而假使我们已经遗忘了香料杀菌的特性，我们仍记得它们那极具特色的风味及其带给我们的味觉享受。

如果你喜欢辛辣、充满香料的菜肴，那么你得知道，这极可能是一种自然选择的后果。你是否想过自己为什么很喜欢某些口味辛辣而强烈的香料？不仅仅从遗传的角度，从文化的角度看也是，生存斗争里的某些特质、某些致胜的习惯被一代代地传承下来，因此，对于在环境中抗争求生的人而言，你所偏好的特定口味也是一种防御武器。在过去，无论是在印度、泰国、菲律宾，或是在墨西哥和厄瓜多尔等国，偏好吃辣的人更能保护自己免受各种感染的侵害：这种人比较长寿，生育能力较佳，也比较懂得教导他们的后代如何烹调辛辣的菜肴，他们自觉或不自觉地以一种愉快的方式抵挡了微生物的侵袭。因此，自然选择也通过以下方式进行：自然选择有利于那些爱吃辣的人。

1998年，康奈尔大学几位生物学家研究了取自93本菜谱书、分别代表36种不同"菜系"的4570份菜谱，而他们也将不同香料的杀菌功能纳入考虑。他们发现，在世界上的各个菜系里，大蒜、洋葱和牛至是最常见的杀菌剂，而这要归功于它们强大的抗菌功能；其次有百里香、肉桂、孜然、龙蒿和丁香，这些香料也是非常有效的抗菌剂，而清单的最后则是辣椒、胡椒、生姜、茴香、柠檬汁和青柠汁等较为温和的抗菌食材。

在某些热带国家，所有的肉类食谱里无不包含数量相当丰富的香料，而在温带或气候较为凉爽的国家里，细菌则没有那么……"贪吃"，因而存在不添加香料的菜品。因此，也难怪辛辣的菜品盛行于马来西亚和印度，但在瑞典和芬兰则不是这样。在共同演化的漫长历史中，人类与各种害虫争食（而它们能够在短短的几小时内将一块被遗忘在阳光下的肉吞食殆尽），香料成了人类武器库里的利器，人类善用香料，从而得以保存并好好享用辛辛苦苦才猎捕到的食物，人类可压根不想拿它们来养活数十亿饥肠辘辘的微生物。举例来说，对于一位生活在第三个千禧年的旅客而言，吃辣是对抗胃部感染的良方，而这可不是一剂药性微弱的抗生素，不是无孔不入的跨国企业所制造的那类无关痛痒的抗生素。举例来说，有几位印度学者从所在城市的市场里购买了一些香料，并拿它们来对付几种细菌的菌落，如对抗生素往往具有抗药性的表皮葡萄球菌、引发伤寒的肠道沙门氏菌和被视为正常肠道菌群的组成部分，但某些菌株可能引起感染的大肠杆菌。好吧，大蒜提取物已被证实能够消灭高达 90% 的上述细菌的菌落，尽管在某些案例里，细菌在几个小时后会再度出现，而这很可能是因为它们已发展出抗药性。新鲜的大蒜若被放置于户外，可以在 55℃ 的温度下维持其抗菌性 36 小时之久。学者们也指出，生姜和辣椒没有显现出杀菌的属性。

顺道为茶作个补充说明：茶也具有杀菌和抗氧化的特性。它是世界上最风行的饮料之一，有超过 30 个国家种植茶叶，茶含有杀菌功能的植物多酚，多酚类化合物是一个由多种有机分子所组成的大家庭，茶叶中所含的单宁也是其成员之一。2011年发表于期刊《生药学研究》的一项研究指出，科学家们针对不同类型的茶进行测试，确认了这类饮料所具有的杀菌功能，另外还指出相较于红茶，绿茶的杀菌功能更强大，而这可能是因为绿茶的发酵程度比红茶低。这就是为什么在马拉喀什的市集里如果有人邀我们享用一杯好茶，我们不应拒绝：这是一种尊重与分享，同时也是减缓或预防潜在感染的一个机会。

慎防疟疾

疟疾是一种全球性的传染性疾病。我们绝对不应对其掉以轻心：根据世界卫生组织的研究，每年大约有2.19亿的临床病例（95%位于非洲），并约有66万人因此丧生。我们之前提到旅游业的发展，而旅游业在那些有感染疟疾风险的地区也有所发展（每年约有5000万人次的旅客入境这些国家）。疟疾是最常困扰旅客的热带疾病，也是最危险的热带疾病之一。有鉴于前往疟疾地区的游客人数的上升，专家预估全球感染疟疾的人数也将有增加的趋势。

现在让我们看一下疟疾究竟是什么，以及它的感染途径。引发疟疾的是一种寄生性的单细胞生物，更准确地说是一种原生动物：疟原虫。疟原虫非常微小，只由一个细胞构成，也是一位"伟大的旅行家"。疟原虫想寄生在蚊子身上，需有以下特定的环境条件：介于21～32℃之间的温度和维持在60%上下的相对湿度。总之就是热带气候。

要从一位宿主转移到下一位宿主身上，疟原虫得借助于蚊子，特别是生长在热带地区的几种按蚊。这种蚊子本身偏好以植物为食物,主要以采食花蜜为生,唯有母蚊在为了获取制造为数众多的卵子所需的各种蛋白质时,才会有吸食血液的必要。

当蚊子叮咬了一个感染疟疾的人,配子体(疟原虫的生殖元素)也偷偷进入蚊子体内。在蚊子的胃里,配子体受精形成合子(生物雌雄配子结合后的细胞结构),合子经过卵母细胞的阶段,接着产出数以千计的孢子(处于未成熟阶段的寄生虫)。最后,孢子进入按蚊的唾液腺,而这是重要的一步,因为蚊子叮咬受害者的时候会将一种抗凝血剂的唾液(以方便"饮用",我们可以这么说)连同几十个孢子注射至受害者体内。不到半小时,微生物便会抵达肝脏,并在那里快速繁殖。不消几天时间,数以千计的裂殖子(成熟寄生虫)被释放到循环系统中,并从那里攻击红细胞。

这是一个凶猛且极有效率的程序,经数百万年的自然实验开发而成。寄生虫进入红细胞内并在里面增生,在被感染的红细胞衰竭之前,红细胞破裂并释放出大量寄生虫,而这些已成熟的寄生虫已准备好随时攻击新鲜的红细胞,并重演前述的增生步骤。红细胞的衰竭正是导致发烧的原因,严重的案例下,数以百万计的红细胞的衰竭和耗损导致病人出现贫血的症状。寄生虫只需要 48 小时的时间便能接掌整个人体,然而相关症状有可能在感染的 10 天以后才会显现出来。如果某些疟原虫接触到其他蚊虫的刺吸式口器,进入蚊子体内,并开始一个新的周期,疫情便会随之蔓延,疟原虫则随着蚊子四处飞行,继续寻找新的受害者。

我们称这种寄生虫为疟原虫。然而,在动物界的分类中,疟原虫实际上是一个属,就如同我们是人属的动物之一,而在这个属里有几个物种,就如同人类也存在着不同的人种,其中除了智人之外,

● 相当普遍　　● 非常普遍

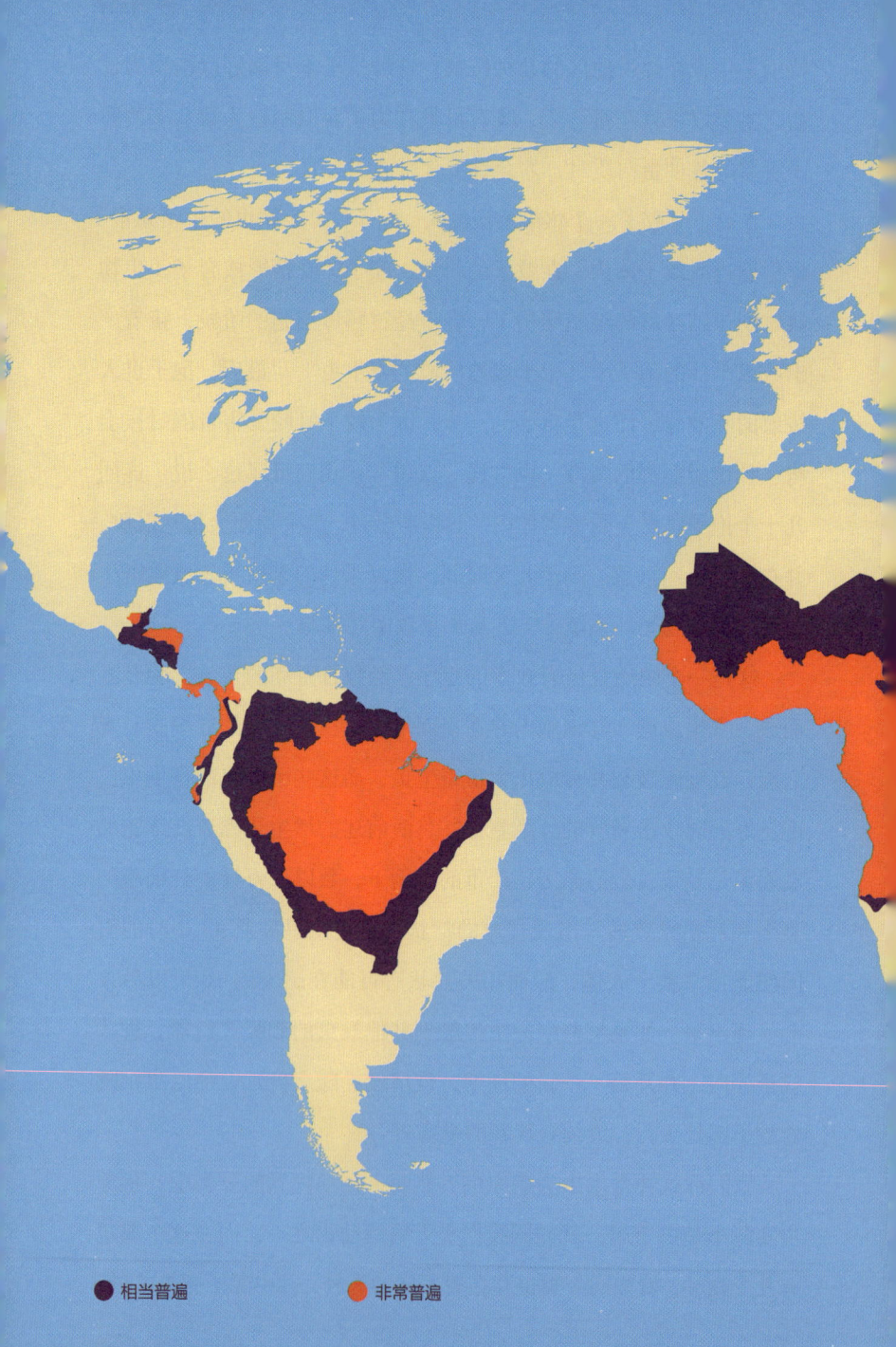

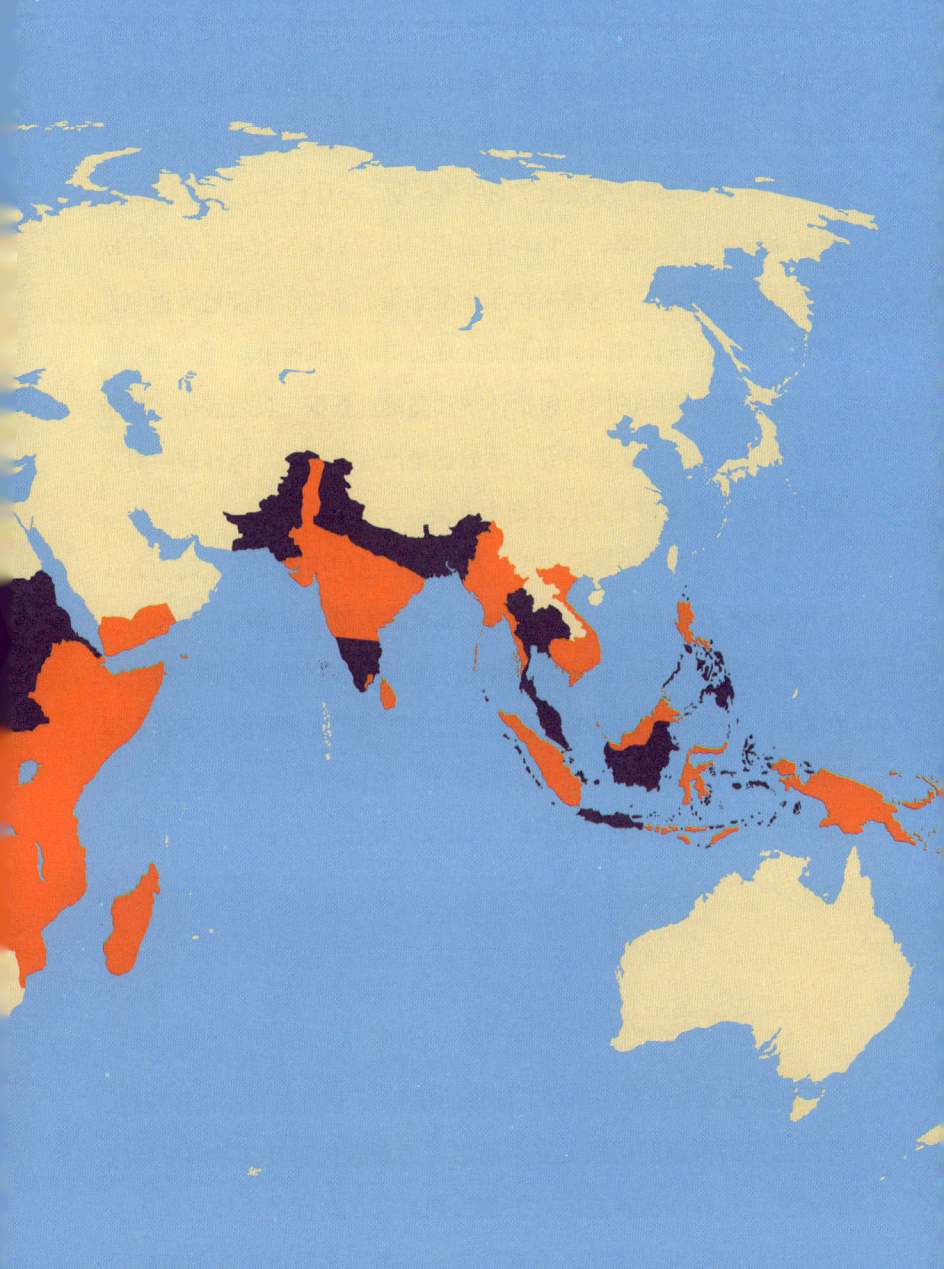

图13 全球疟疾分布图：以红色标示疟疾流行程度很高的地区，以蓝色标示流行程度中等的区域

过去曾存在其他的人种,其中包括著名的尼安德特人。至于疟原虫,已知的有 4 种:恶性疟原虫、间日疟原虫、卵形疟原虫和三日疟原虫,各自具有些微不同的生物特性。更为复杂的是,有些间日疟原虫、卵形疟原虫不遵循正常的生殖周期,一旦它们进入宿主体内,便开始呈现休眠状态,它们在肝脏里定居数周甚至数月,直到再次苏醒而引发感染。在这种案例里,受感染的旅客很可能已经返家并回到工作岗位一段时间,而无法在感染初期立即通报。

增加感染风险的因素包括怀孕和高龄:根据一项发表在《旅游医学与传染性疾病》的研究,孕妇感染严重疟疾的可能性较一般人高出 3 倍,60 岁以上的长者则为 6 倍。

最后,增加感染风险的因素还包括拒绝使用或以不正确的方式使用预防疟疾的药物:研究指出,如果病人遵循正确的药物预防,死亡的风险可降低 2/3。延误诊断也会导致相同的问题:研究指出,在美国,37% 死于感染的人在确诊之前耽误了太多时间。研究末尾则以瑞士的案例得出一个特别的结论:归国后死亡的旅客有 75% 为男性。这一点虽仍有待查证,但和女性相比,男性较不注重预防,也许与此相关。

为何人类无法消灭疟疾?

彻底消灭疟疾是一项难上加难的任务:一切都是自然选择所致,自然选择的机制利用蚊类复杂而多变的新陈代谢及其基因里持续的突变,总有办法制造出对于杀虫剂具有抗药性的个体,从而克服杀虫剂的阻碍。因此,一直以来,人类用来防治疟疾的策略没什么改变:一来是减少蚊子的数目;二来是治疗那些已被感染的人。

你是否随身携带抗菌湿巾？

在出发之前别忘了购买抗菌湿巾，因为并非随时随地都有洗手的机会……这就是启程前往柬埔寨还是玻利维亚之前备忘便签上所写的注意事项。去哪里并不重要，因为不论你去哪里，你可能都想随身携带这些湿巾。但它们真的具有消毒功效吗？或者更确切地说，它们消毒的功效真有你想象中那样好吗？

一个澳大利亚微生物学家研究团队最近将某些湿巾拿来测试几个已被细菌污染的表面，他们发现，大部分的细菌的确被从表面移除了，但仍有许多细菌继续存活于湿巾上。

我们可以从这项研究得出两个重要的结论。首先，我们不要以为这些湿巾能够消毒表面（消毒意味着将存在于该物质之上的微生物全数消灭；当我们在一个表面上找到一个活的微生物的概率小于百万分之一时，该表面才有资格被称为无菌的表面）。我们可以致力追求的则是杀菌，消灭病原微生物，即那些可能攻击人体的微生物。换言之，用一条抗菌湿巾只能消灭部分微生物。其次，假使你重复使用同一块湿巾，或将同一块湿巾使用于多个不同的表面（比如，先拿来擦盘子，接着用它擦玻璃），你很可能让微生物搭了顺风车，帮助它们从一个表面跳到另一个表面，从而适得其反：你等于是污染了另一个表面！

要诀很简单：一块湿巾只拿来擦拭一个表面，擦完之后便扔到垃圾桶里。

最后，请铭记在心，人身体原本便具有抵抗微生物以及与微生物共存的能力，身上有微生物不代表会生病。此外，

> 过度使用这些产品会促进对产品具有抗药性的微生物的形成,众所周知的是,细菌有快速适应不利条件的能力。
>
> 从事上述研究的澳大利亚微生物学者得出以下结论,如果有温水和肥皂可用的话,这两者仍是摆脱大多数微生物的最佳办法。

目前,蚊帐是最主要的预防方式,蚊帐上往往喷有杀虫剂,而这种方法带来了一定的成效;其他的补救措施包括扑灭水塘里的蚊子幼虫,或在住宅区喷洒杀虫剂。截至目前为止,有关抗寄生虫疫苗的制作并无太大成效:微生物对每个疫苗都发展出了耐药菌株。细菌所建立的机制与微生物针对抗生素所发展出的抗药性非常相似;自然选择的机制快速运行,那些生来便对杀虫剂具有抗药性的个体迅速繁殖,从而增加了"耐药"的蚊子大军。

诉诸驱虫剂

如果你经常前往疟疾或其他由昆虫传播的疾病所流行的地区出差,你可能已经注意到,当局如何大力推荐驱虫剂的使用。没错,假使我们无法击败寄生虫,我们至少可以尝试消灭它们的"交通工具"。到目前为止,在所有避免感染的措施当中,阻断蚊子的降落是最有效的解决方法。2014年巴西举办世界杯足球赛的时候,科学家们发起了 Bug Off 运动,呼吁所有前来观看比赛的游客使用含有 20%~50% 的 DEET 避蚊胺驱虫剂。据他们的说法,疫苗和药品虽然派得上用场,但若想用一种方法对抗最大数目的攻击,则得诉诸驱虫剂。

DEET 避蚊胺是一种含有待乙妥（dietiltoluamide）成分的驱虫剂。在过去几年里，开始有人怀疑这种物质可能会给人体带来不良的影响。然而，近期的一些科学研究指出，没有足够的数据可证明这种物质的使用具有危险性。因此，我们可以放心使用驱虫剂。

另一种说法是，我们可以借着憋气误导蚊子。的确，科学家发现，蚊子会被人的呼吸吸引而来，特别是人类每次呼气时所呼出的二氧化碳。蚊子似乎可以"闻到"空气中二氧化碳的气味，并循着二氧化碳找到人类。然而，一旦蚊子来到我们附近，吸引它的则是气味更加强烈的汗水，它们因此转而攻击暴露在外的皮肤。人的皮肤可产生超过 340 种的化学芳香成分，就好像你能嗅到一顿好饭一般，蚊子能嗅到这些气味：它们非常喜爱胆固醇的芳香，并为叶酸的精华感到痴醉，它们不嫌弃某些细菌的香气，甚至很欣赏几种你喷洒在身上的人造香氛（如保湿产品的香气）。科学家发现了二氧化碳能带给蚊子"致命的吸引力"之后，也为有关防治疟疾和其他热带疾病的研究开启了新方向。的确，某些研究人员正致力于研发一些能释放出二氧化碳以诱捕并消灭蚊虫的"陷阱"。

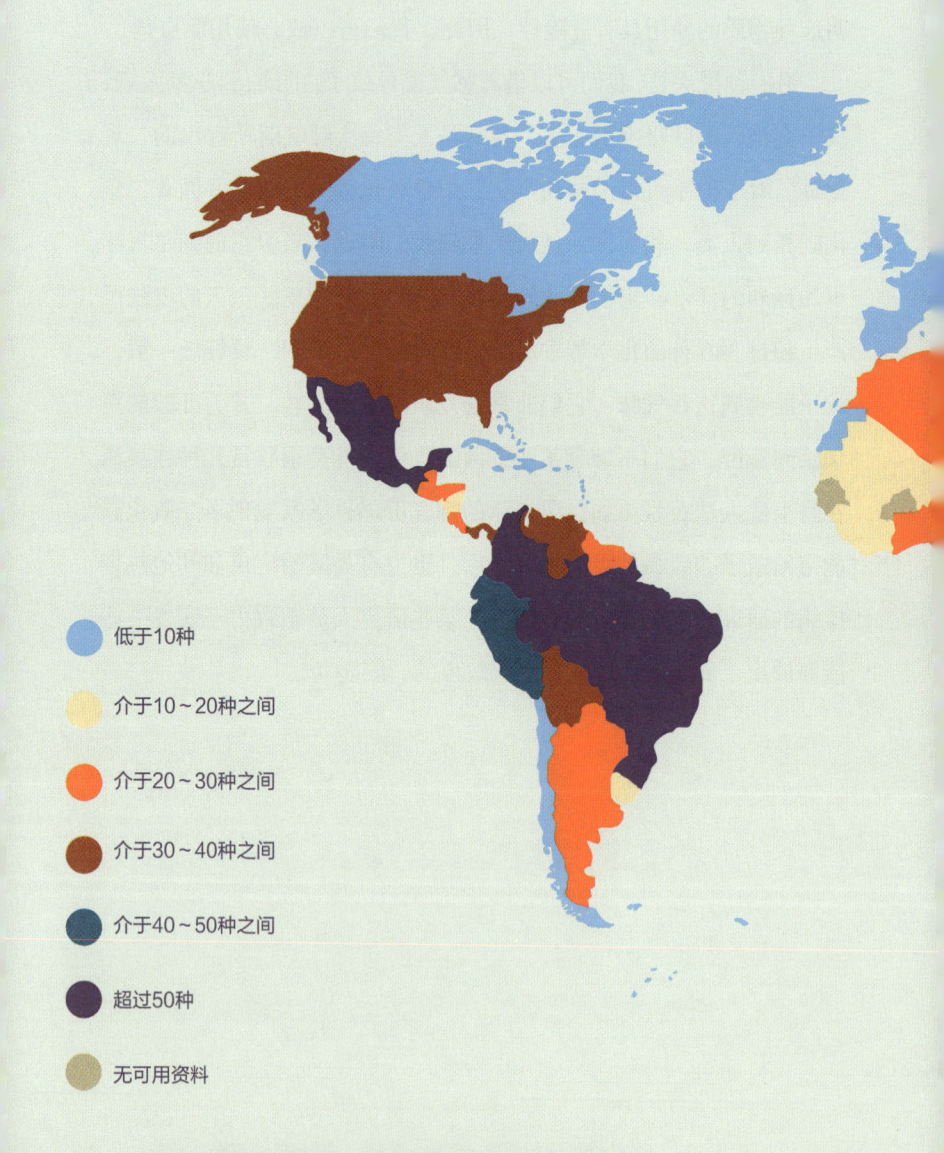

- 低于10种
- 介于10～20种之间
- 介于20～30种之间
- 介于30～40种之间
- 介于40～50种之间
- 超过50种
- 无可用资料

图14　各国有毒动物（包含脊椎动物和无脊椎动物）的数量

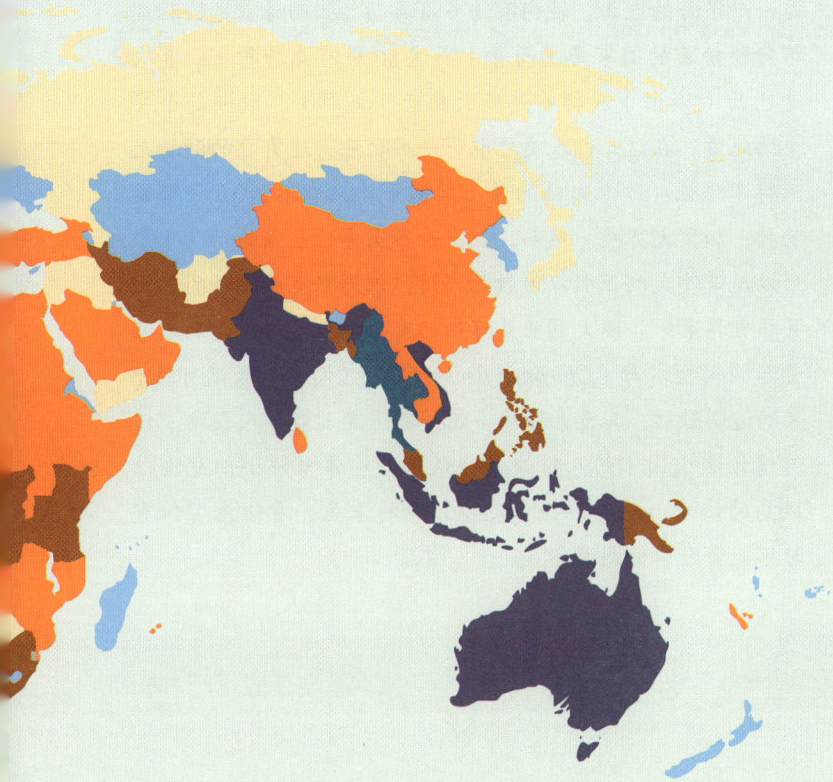

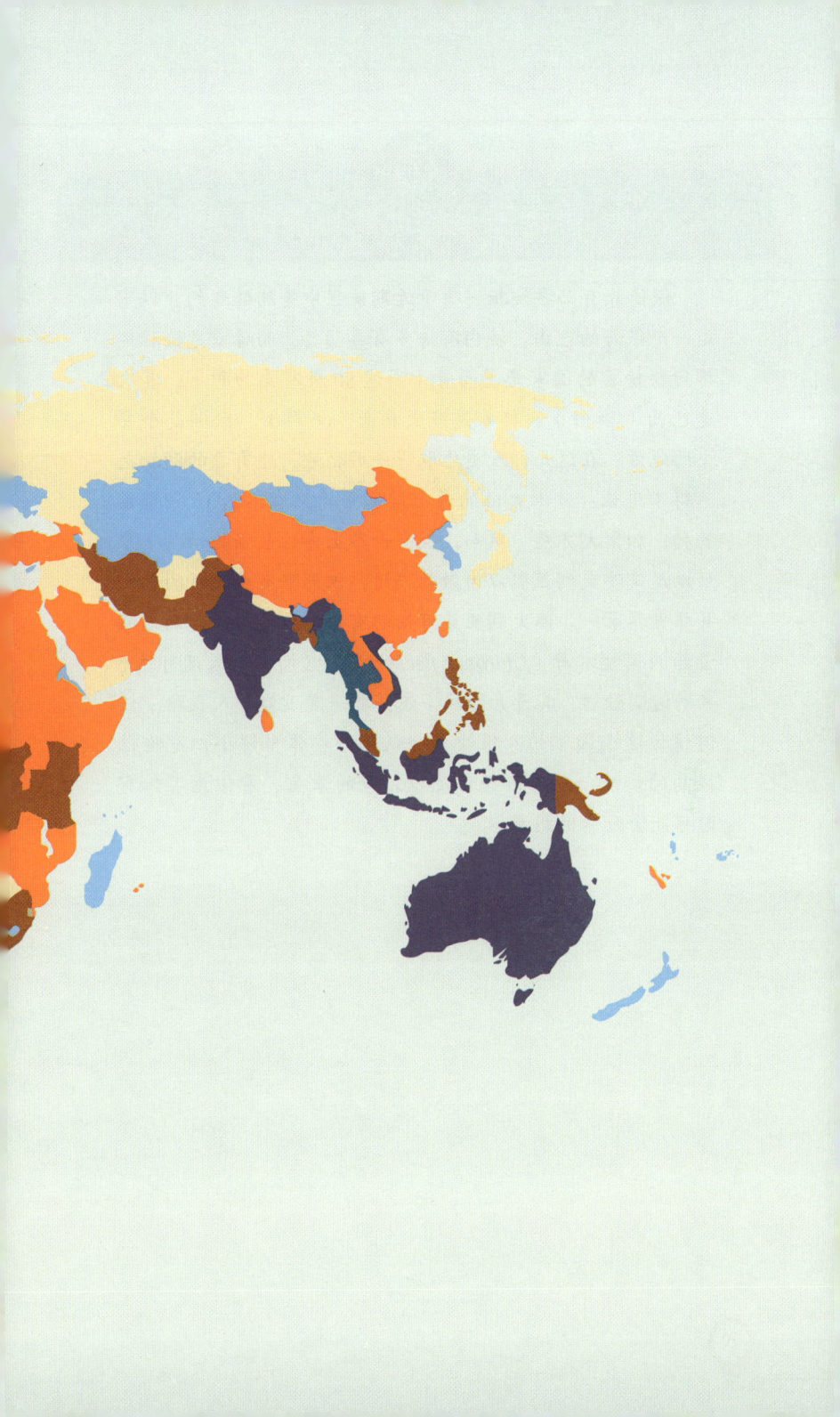

毒性最强的动物分布图

假使你有必要婉拒一项于近期前往中美洲的邀约,以下是一个很好的理由。境内有许多有毒动物,而称霸危险程度排行榜榜首的国家是墨西哥(高达 80 种有毒物种),其次是巴西(79 种),接着是澳大利亚(66 种)。欧洲是个安全的地方,在这儿,人类已取得一席之地,连有毒的动物也不得不退让:欧洲大陆的每个国家平均只有不到 10 种有毒物种,加拿大亦然。然而,拥有世界上毒性最强的动物几乎可以说是澳大利亚引以为傲的事情,但那里有毒物种的数目并非世界第一。澳大利亚最可怕的有毒动物之一便是别名海黄蜂的箱型水母(*Chironex fleckeri*):它们具有长度可达 3 米的透明触须,其毒素往往(但并非一定)能令人丧命。任何造访这个国家的人很快便会认识一些体型娇小但危险性极高的蜘蛛、色彩鲜艳但足以致命的章鱼、看似无害但有时可能会致命的蛇类。

收拾行李

飞行中

第五章

飞行是否具有风险?

哪个旅人没在旅行中的某个片刻思索过这个问题,也许是在整理行李箱的时候,或者更早,在决定目的地的那一刻。

没错,最初,飞行是一种不安全的活动。在20世纪50年代,每年平均有25起造成伤亡的民用航班飞行事故,而当时的飞行频率远低于现在。后来,这个数字逐渐增加,并在20世纪70年代达到40起事故的高峰。这可能是因为航班数量增加,但科技却无法跟上其脚步。从那时起,死亡事故的数目显著下降,根据记录,2014年仅仅有6起事故,可能是由于技术方面的进步。某保险集团拥有的一些数据指出,如今,在每100万人次的旅客当中平均只有2名以下的罹难者,而20世纪60—70年代航班量大增时,每1亿人次的旅客当中则有133名罹难者,相较之下,前者的死亡人数显得相当低。

拿某些数据作为对照可能派得上用场：在欧洲或美国，因飞机失事而死亡的概率是2900万分之一，被闪电击中而丧命的概率是千万分之一，而因自行车事故而丧命的概率是34万分之一（其概率比飞行高出100倍）。

另一个重要的事实是，大部分飞机失事发生在非洲（45%）和亚洲（43%）的国内航班，失事率与美国和欧洲之间有显著的落差，因为美国和欧洲的飞机机型及维修保养较为先进。

谈到风险和统计数据，场面往往容易变得混乱，甚至有人会出于政治或经济动机趁机谋取私利。举例来说，假使我告诉你，20世纪50年代的平民伤亡人数约为每年500～1000人，而在2000—2010年间的数据则与此不相上下（尽管数字从20世纪70年代起开始下降，在1972—1974年间，仍有超过2000人罹难），你会从此得出什么结论呢？你会说，"二战"以来至今，情况并没有发生任何变化。然而，如果我们作出补充说明，20世纪50—60年代期间的旅客总人数约为每年2亿人次，而如今则约为每年35亿人次，你便会了解到飞行的风险确实有所降低，而且降低的幅度非常显著。因此，谈论风险时，我们必须注意信息呈现的方式。

每当人们谈到如何在飞机事故中求生的话题时，往往会提出有关座椅选择的问题。两者之间是否存在某种关联呢？可惜的是，专家们尚未找到这个问题的答案。有几个关于这个题目的研究，但这些研究的结论彼此有分歧，因而不具指标性。

所以，就如同所有的人类活动一般，飞行具有一定程度的风险，而飞机作为一种交通工具，我们不能说飞机是危险的。飞机显然比汽车安全。一言以蔽之，假使你决定从罗马开车前往汉堡，你所冒

收拾行李 / 第五章 飞行中

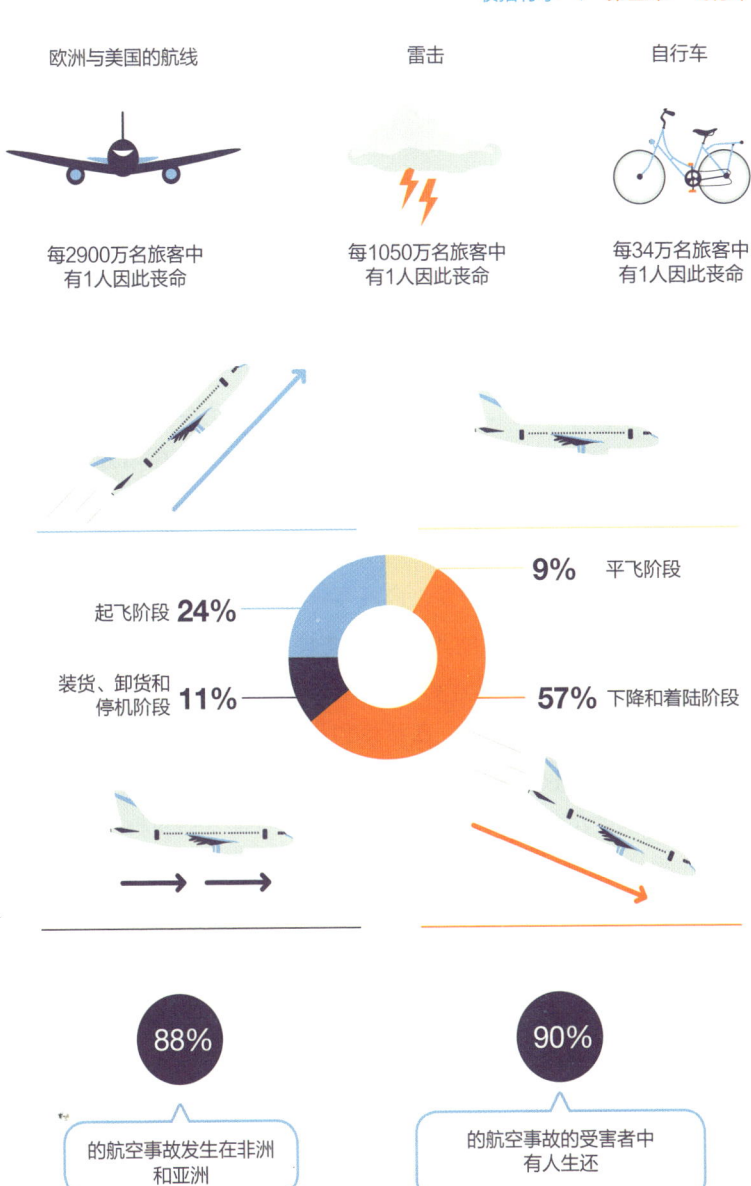

欧洲与美国的航线
每2900万名旅客中有1人因此丧命

雷击
每1050万名旅客中有1人因此丧命

自行车
每34万名旅客中有1人因此丧命

起飞阶段 **24%**

装货、卸货和停机阶段 **11%**

9% 平飞阶段

57% 下降和着陆阶段

88% 的航空事故发生在非洲和亚洲

90% 的航空事故的受害者中有人生还

图15 有关飞行风险的一些数据（2003—2012年）
来源：某保险集团，2015年

的风险比搭乘飞机高出 3 倍，和搭长途汽车不相上下，比坐火车高出 14 倍（火车的安全性大幅领先其他交通工具，可说是最安全的交通工具）。

邮轮旅客钱包看得很紧

如果你决定登上一艘迷人的邮轮，乘着它穿梭于挪威沿岸，那么请你做好心理准备，你可能会在众多的停泊处之一遇见欢迎你到来的斯韦恩·拉尔森（Svein Larsen）。更准确地说，我们所说的是卑尔根大学心理学系的拉尔森教授。他利用休假的时候访问游客，向游客提出有关旅行的各个方面的问题。他在 2010 年和 2013 年间访问了 8000 名以上的游客，其中包括 1300 名搭乘邮轮来到挪威海域的旅客。他对旅客作出了各式各样的分析，包括他们有关饮食、参观博物馆、参加各种活动和购买纪念品的消费倾向。

据拉尔森的说法，研究结论"非常明显"：相较于任何其他类型的游客，搭乘邮轮的游客花费最少。俗话说得好，搭船旅游的游客可说是把钱包看得紧紧的：他们的花费约为 300 挪威克朗，远低于其他类型的游客所支出的 1000 克朗。而这些支出不包括住宿（在挪威住宿可能颇为昂贵）。事实上，20%～40% 的旅客甚至不会下船。而有一些邮轮可能真的很便宜（有些方案以 250 欧元的价格提供为期 6 天的邮轮巡航）。

邮轮之旅本身就是一种大众旅游，在诞生之初，它原本是一种小众的旅游方式，但如今已开放给任何一种市场。而就如同国际邮轮协会（CLIA）在其年度报告中所指出的，这是一个重要的市场：这个产业部门随着全球旅游业一起发展，每年有 3%～4% 的增长率。据估计在 2015 年，总共有

2300万名旅客搭乘邮轮从一个港口前往另外一个港口（相较于2009年的1700万人次）。国际邮轮协会估计在2016年会有2400万人次的旅客登上邮轮，其中1/3旅客的目的地是加勒比海地区，而这当中有多达1100万人是美国人，美国人非常喜爱邮轮巡航，跟随在后的是德国旅客，但其人数仍远不及美国，只有177万人次。

2016年共有9艘远洋邮轮、18艘内河邮轮被启用（这是一个蓬勃发展的产业），此外还有27艘建造中的邮轮。

邮轮产业的营收想必很高，有鉴于它提供了近百万人次的就业机会，旅客可以在船上用餐，在船上购物并参加他们跟邮轮公司讲定的活动。根据国际邮轮协会说法，有愈来愈多的游客询问豪华行程（但这只是一种表象而非实质上的豪华，因为每位旅客的每日平均消费只有127美元左右）。随着时间的推移，邮轮本身成了游客唯一的"目的地"，因为邮轮以多样化的设施招待旅客。拉尔森指出，这种类型的旅游是不可持续的，纵使邮轮停靠岸时往往引发大排长龙的现象，但实际上对当地经济的影响极其有限。

关键时刻

飞行中最关键的是哪个时刻？绝大多数的致命飞航事故发生在飞机起飞和着陆的时候，分别为24%和57%，若撇开升空的最后阶段和飞向目的地的飞行阶段，更清楚地说，就是整个航程中最长的部分，死亡事故的发生概率为8%。

最后，有个新的因素也在飞航风险的计算里占有一席之地：全球气候变化。根据科学家的说法，北大西洋区域的高海拔乱流可能会增长40%～170%，而其高发区域正好位于跨大西洋航线航班往来最为频繁的飞行走廊，该处每天有高达600次航班经过。但这并非致命事故的成因，只是乱流引起的事故可能会增加，并给各航空公司带来1.5亿美元的损失。

此外，请不要打扰机长。有70%严重程度不一的事故由所谓的人为因素所导致：大多数事故，而不只是那些致命的事故，导因于飞行员分心或疲劳所致的疏失。无疑，驾驶舱内飞航设备的高度自动化已给飞行安全带来了彻底的改变，但正如美国联邦航空管理局的一项研究指出，有些飞航事故导因于飞行员对于科技的过度信赖，从而导致在关键时刻、意外发生时或自动化系统发生故障时的危机处理能力下降。

像蚂蚁一样：小而有力的背包客

故事向来是这么讲述的，有些人参加了安纳布尔纳峰或阿空加瓜山的徒步旅行，接着他们表示抱歉，因为他们的背包比较轻，因为你知道的，他们不是那么健壮……而商店的店员也加入讨论，他先前解释过如何根据背包客的体型选定尺寸和重量适当的背包。网络上，有些表格列出了一个人所能背负的重量和他本身体重之间恰当的比例。

抛开借口吧，2014年发表在《物理老师》杂志的一项研究指出，即使是体型最娇小的人也能跟身材高大而壮硕的人背负相同的重量。指出这一点的是堪萨斯州立大学的物理学教授麦克·奥谢（Michael O'Shea），他注意到一些身材纤瘦而不怎么强壮的徒步旅行者往往背着巨大的背包。顺道一提，上述一切与背包生产商所作的说明正好相反。

奥谢还将与人的体型呈正比的体重一并纳入考虑，换句话说，在相同的身体健康状况之下，体型较大的人本身已负载了较大的质量，从而得出了一个数学模型，根据该模型，一个体型较大的人之所以拥有较大的肌肉质量，是为了支撑其身体的重量，因此在负重能力方面不会带来多大的帮助。事实上，根据奥谢的数学模型，一位体重50千克徒步旅行者肩膀上背着20千克的重量，就好像一位100千克的旅行者背着15千克的重量。因此，有时事实与预料正好相反：相较于体型较娇小但健康状况相当的远足者，体型壮硕的远足者负重的能力较差。

飞机、火车、轮船和汽车当中，哪个最耗能？

无可避免的是：旅行必然导致污染，除非你的旅行方式是骑着自行车从家里出发，一路上只骑自行车、骑马、乘坐帆船，或使用太阳能充电的电动车。但我们还是探讨一下最常见的交通工具类别吧：让我们假设你所搭乘的是火车、汽车、船艇或飞机一类利用燃料推动的交通工具。

航空和海运占全球排放量的5%，仔细想想，这个数字着实不低。其中，3%的排放量来自于航空业，而后者当中有80%以旅游为目的。你每次出门旅行，都会给自己和子孙后代共同居住的环境和未来带来持续的冲击。因此，当你在下一次旅行的时候再度面临选择交通工具的情况，你最好仔细思考一下如何尽可能地降低环境冲击。

联合国环境保护署的资料指出，大多数国际旅客（即那些从本国出发前去参观另一个国家的人）搭乘飞机，而这是与旅游业有关的能源消耗的主要因素。举例来说,一架从欧洲前往澳大利亚的航班大约会产生 2 吨的二氧化碳,这个数值与全球每人每年所制造的二氧化碳的平均值相去不远(在 2010 年美国人平均每人排放了 4.4 吨的二氧化碳)。简言之,一次长途飞行会产生很多的二氧化碳,相当于一个人一年的排放量。

有鉴于跨国旅行的持续增长,国际能源署(International Energy Agency—IEA)发出警告,声称在 2050 年以前,交通工具的能源需求将是目前的 3 倍,这将导致有关废气排放量方面的灾难性的冲击,特别是在航空部门。

但眼前,让我们继续探讨交通工具所带来的环境冲击。首先,我们必须化繁为简,否则专家会说,了解真实的环境冲击是一件过于复杂的事。基于简化的考虑,让我们只考虑二氧化碳排放量的计算,而撇开氮氧化物、甲烷、硫氧化物、重金属或悬浮粒子的排放不谈,虽然一个完整的分析理应将这些因素也纳入考虑:如今,几

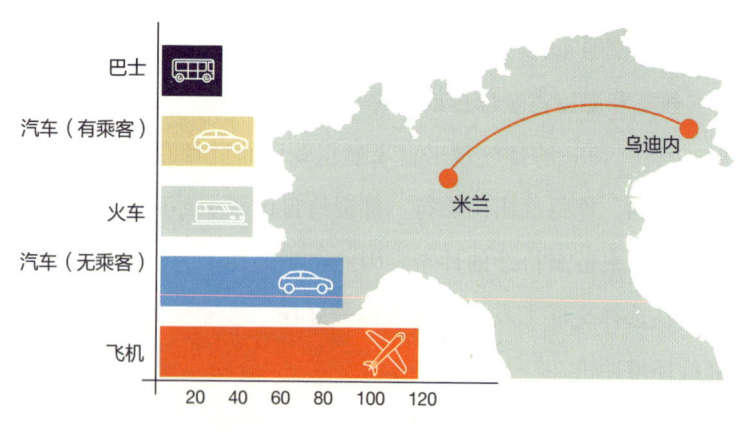

图16 从米兰前往乌迪内最"环保"的交通工具为何种

乎任何有关交通工具所导致的污染的讨论都以上述因素为起点。我们将聚焦探讨二氧化碳当量，即整合二氧化碳、氮氧化物和甲烷的温室气体的排放量。

根据这些计算：在一列欧洲之星上，每位乘客每千米约产出10克的二氧化碳当量，一艘轮船为20克上下，一辆公交车为30克上下，而一辆载有4名乘客的柴油车的二氧化碳当量则介于40~50克之间。此外，一架洲际线的航班平均每位经济舱乘客每千米产出110克左右的二氧化碳当量，而一架国内航班，比如从威尼斯开往罗马的航班，则产出160克左右。最后，一艘渡船的乘客平均每位产出每千米250克以上的二氧化碳当量。

在有关温室气体排放排行榜的金字塔顶端，我们找到了洲际航班的头等舱和商务舱，其每位乘客每千米平均排放的二氧化碳当量约分别为240克和330克，而只搭载一名乘客的柴油车、丙烷或丁烷车和汽油汽车的排放量则分别为245克、265克和300克。

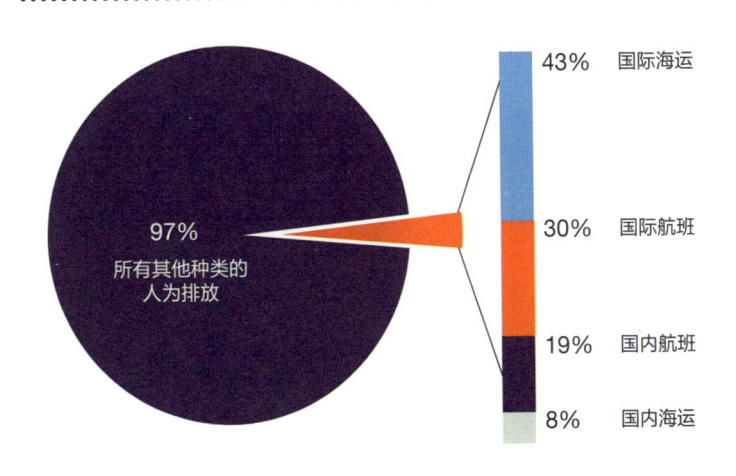

图17 全球温室气体排放，及国内和国际航班、国内和国际海运的排放所占的比例
资料来源：联合国政府间气候变化专门委员会（IPCC），2007年

一架飞行距离在 500 千米以内的航班的排放量是一架飞行距离超过 2000 千米的航班的排放量的两倍。之所以如此，是因为大部分的燃料消耗在飞机起飞（以及上升至高海拔）和着陆的阶段。此外，空气密度会随着海拔高度的上升而降低，空气与飞机间的摩擦也随之减少，因此，飞行在高空的飞机所消耗的能源大大降低。相反，飞行距离少于 500 千米的班机还没来得及出发、上升、完成一段耗能较少的飞行便得下降和着陆。

事实上，正如我们先前提到过的，严密的计算其实更为复杂，某些研究尝试以更全面的方式探讨旅行所带来的环境冲击。在一项研究里，学者选定了路程介于 500～1000 千米间的旅行，在此种案例里，旅客最可能面临有关交通工具的选择问题（毕竟很难想象会有人选择搭乘汽车从罗马前往布宜诺斯艾利斯），并将旅客人数和各类燃料的能量转换效率纳入考虑，以评估包括气溶胶之类的减排，最后总结出以下的最佳方案：减少乘客人数低于两人的汽车行程，搭乘飞机之外，以长途汽车、火车和承载着至少 3 名、最好 4～5 名乘客的汽车代步。时间充裕的话，旅客还可以选择乘船从罗马前往布宜诺斯艾利斯，路程约为 11000 千米，如此一来，旅行所带来的温室气体排放对环境所产生的冲击会比选择搭乘飞机的人低 50 倍。

极速列车

每年都有新技术被引进汽车领域，另一方面，航天工业蓬勃发展，火车也不遑多让，尽管它很少登上头版。

相较于飞机，火车得通过公路、桥梁、城市、河流的考验，总之，

一种每人都有能力负担的方案：摆脱运动型多用途汽车，改搭经济舱

谁没有梦想过来一趟美好的头等舱长途旅行？经过那些椅背可以放平、堪称是高科技结晶的座位，承认吧，你心里其实有点美慕。不过，从今天起，请你遵循以下建议，就算有机会，也请你拒绝搭乘头等舱或商务舱：冲着你们的环保意识这么做吧。你可以以此为傲，并在心里想着：坐在那些豪华座椅上的人正在危害人类的未来。短程航班（飞行距离介于500～1000千米）的商务舱或头等舱旅客所制造的温室气体排放量是经济舱旅客的两倍。原因很简单，正是因为他们一个人占了两个或更多座位的空间，假使我们将头等舱除了座椅之外所占据的额外空间也纳入考虑的话。

2008年，忧心忡忡的科学家联盟发表了一项研究，指出各旅行的可能型态，科学家考虑了旅客是独自或结伴旅行、旅行路程的长短，以及游客所选用来代步的交通工具。这项整整有62页的研究报告的主旨是：公交车、火车、较高效的汽车（一些现代化的混合动力车）和经济客机的经济舱是比较环保的旅行方案，其每位乘客每千米所制造的二氧化碳也小于0.14千克（假设该运输工具的空位率小于20%）；相反，搭乘运动型多用途汽车或飞机的头等舱旅游会带来较严重的环境冲击，其每位乘客每千米会制造出超过0.28千克的二氧化碳。最糟糕的选择是独自一人从米兰驾驶运动型多用途汽车前往罗马：这种做法的污染程度是搭乘经济舱的4倍。而满座的汽车的污染程度则与此无异。

火车得跨越或绕开相当多的阻碍。此外，还得将空气密度计算在内，这可是个不容忽视的因素：假使你曾经尝试将手伸出一列时速100千米的火车的车窗外，你会意识到空气和手之间产生了多大的摩擦力；试想一列时速300千米的火车车头得穿透多大的空气屏障。

然而，如今有些列车的行车速度快得令人难以置信。到目前为止，火车最快速的纪录是由日本磁悬浮列车所创下的：2015年，一列载有100名旅客的列车曾创下超过600千米的时速纪录。除了优化了空气动力效率之外，这列火车也得益于一种创新的系统，该系统基本上消除了轨道与火车之间的摩擦和振动，这就是所谓的磁悬浮技术，因此这种火车也被称为磁悬浮列车。

两块磁铁让火车悬浮在离地大约10毫米的空中。其他的超导磁体，更准确地说，就是电磁，即利用电流的通过将物质磁化，而一旦电流中止，该物质便会丧失磁性；我们也可以说，这正是所有人家中的电风扇的运作原理！磁铁被安装在车体两侧，产生出一个斥力磁场——两个具有相同极性的磁极彼此同性相斥，从而促成列车的运动。列车已经通过的轨道被消磁，而火车刚刚进入的下一节轨道被磁化，将列车向前推进。在某种意义上，我们可以说火车在没有发动机的状况下前进，而多亏了这个系统，火车可以降低耗能和振动，达到极高的速度。

有些短线列车已经上路运行，但得等到2027年，这列还处于原型车阶段的日本制火车才会全面上路，负责提供东京和名古屋之间268千米的交通运输。

你也许已在报纸、杂志上读到有关这列火车的捷报。如今，难以置信的高速也成了火车梦寐以求的目标，极速列车甚至可以取代

收拾行李 / 第五章 飞行中

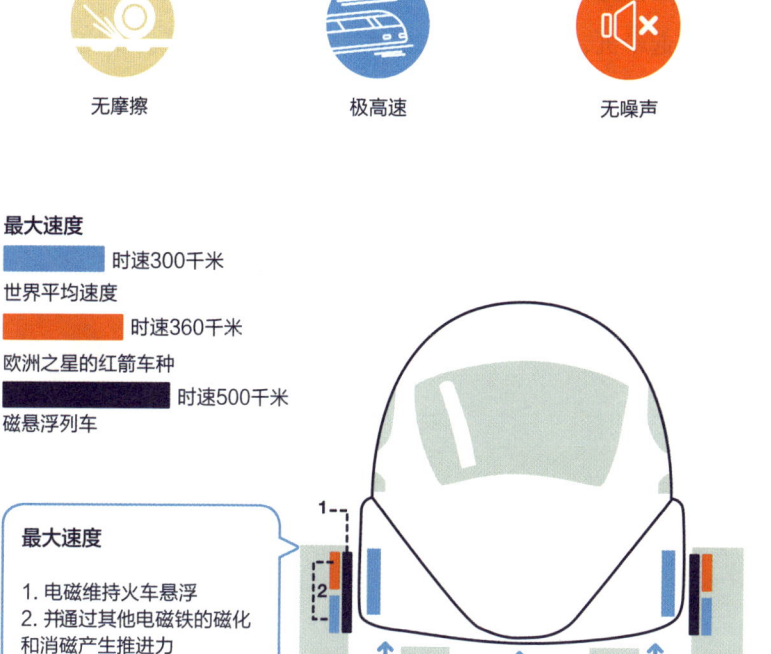

无摩擦　　极高速　　无噪声

最大速度
■ 时速300千米
世界平均速度
■ 时速360千米
欧洲之星的红箭车种
■ 时速500千米
磁悬浮列车

最大速度
1. 电磁维持火车悬浮
2. 并通过其他电磁铁的磁化和消磁产生推进力

图18　一般高速列车与磁悬浮列车之间的比较

83

长途飞机。至少在理论上是如此，因为实际上，某些限制仍有待突破，而那不仅仅是技术上的限制，还有人体的生理限制。人体承受加速度的能力有限，你是否体验过搭乘过山车的感觉？的确，加速度会引起晕机、晕车和晕船的症状。到目前为止，晕火车的案例仍相当罕见。然而由于火车所行经的路线并非全为直线道，在高速的状况下，乘客的身体必须承受频繁的加速：这便是这方面技术的开发还有待化解的一个问题。想在创新的道路继续前行，这是有待解决的重要关键之一。

收拾行李　第六章　机场安全

机场安全

第六章

🧳 安检人员用 X 射线寻找些什么？

首先，让我们先从了解这台机器开始。我们知道 X 射线，至少任何曾经骨折过或补过牙的人都认得它。如同光波一样，X 射线也是一种电磁波，它具有稍低于紫外线的特定波长。但相较于可见光和紫外线，X 射线具有更大的能量，而这意味着 X 射线能够进入甚至穿透不同的物质。

医院里的 X 射线成像比较像是摄影的一种：X 射线穿过组织而在照片底版上成像；骨骼和组织以不同的方式吸收 X 射线，某些身体的内部结构从而被呈现出来。机场所使用的安检仪则有所不同，它利用一些滤片，更有效地缉查特定物质。X 射线射入行李箱内部，被行李内的不同物质以不同的方式吸收，最后成功穿透物质的 X 射线来到接收器，后者记录其位置与能量。但此种接收器不会阻断射线，射线会继续前往另一个接收器。

在两个接收器间有一块能拦截能量较低的射线的滤片，而第二个接收器只拦截能量较高的射线。两个接收器的成像经过相互对照，提供计算器及其操作者有关行李内容物的重要信息。

现在，让我们谈一下安检人员的工作。他们盯着计算机的屏幕，试图"猎捕"某些特殊的物质，他们并非对手提箱中的任何细节都感兴趣。假使你曾出于好奇朝显示屏张望了一下，你会注意到各种物品呈彩色，而这显然是计算机处理后的显像。一般而言，这被用来辅助安检人员识别各种材料：金属显示为某种颜色，塑料显示为另一种，有机材料则又是另外一种。

什么是有机材料？有些人可能会联想到资源的分类回收，而这种联想并非全无道理。有机这个词语所指的是含碳的化合物以及其中所含的生物，我们甚至可以称之为一切生命的基础，但是请注意，并非所有的有机化合物都有生命。石油、丙烷和甲烷含有有机化合物，塑料和许多药物亦然。同样的情形也适用于大多数爆炸物，而安检仪正是利用这一点来辨识出那些可能被拿来制造一枚小而危险的炸弹所需的材料。

当然，即使是一把枪或刀也会被辨识出来，但鉴于没有任何恐怖分子会选择携带"阿克姆炸药公司"所生产的传统炸药管登机，安检人员势必得搜寻可以拿来制做简单炸药的原料，而大部分炸药是以有机物制作的。

安检人员之所以要求旅客从包里取出计算机，是因为这些电子设备精巧而复杂，致使难以辨认是否为炸弹，因此最好逐一仔细检查。

别担心：X射线不会伤害底片……

除非你把底片放在托运行李中。如今的手提行李安检仪已经过特殊设定，而不至于损害感光胶片，因此，将它们放在包里是没有问题的；同样地，电子设备也不会因X射线而损坏。而检验托运行李的X射线安检仪则强大得多，但感光胶片可能会被毁损。

……也不会损害你的健康

接着我们要探讨身体扫描仪。承认吧，你不喜欢这个玩意儿，之所以如此，也因为你被要求高举双手地站在那儿，然而，身体扫描仪并不会危害健康。

如今，你可能会遇到两种类型的扫描仪。

第一类扫描仪采用高频的毫米无线电波，这就是所谓毫米波扫描仪，这种扫描仪所发射的能量低于每天频繁地贴在你耳边的手机。因此，如果你并不介意手机，那么你也不必担心毫米波扫描仪。

第二类扫描仪是所谓的后向散射X射线扫描仪，这种器材利用低能量的射线，可以探测到衣物底下的低能量射线，其中大部分的射线被你的皮肤或皮肤上所穿戴的东西反弹回来，而扫描仪的接受器将其记录下来，但身体仍吸收了极小部分的射线。扫描仪所发出的辐射量只有你每天从阳光所接收的辐射量的1/10，比你在医院里所做的腹部X射线成像小700倍。

行李箱里的科学

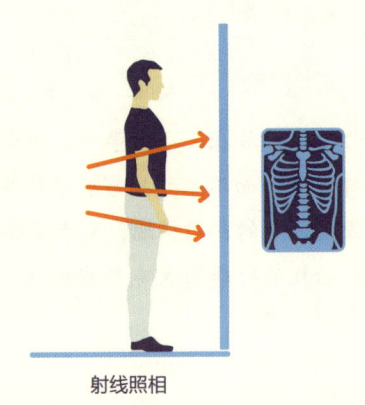

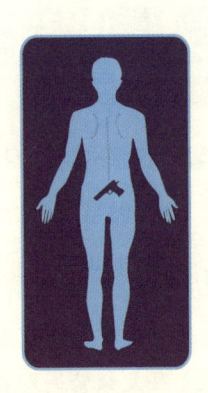

射线照相

后向散射

图19 胸腔射线照相"X射线穿透人体而在底板上成像"和后向散射差"X射线被人体反弹回来"之间的差异

生物识别技术

一提到这类技术，我们联想到的也许是较多的科幻而非科学，但这些扫描眼睛、指尖并可能在不久的将来得以成功辨识人的行为或说话方式的仪器令人感到有点敬畏。它们被称为生物识别技术，愈来愈普遍地应用于各大机场。

生物识别技术的目的在于识别办理登机手续的旅客的身份，但它也愈来愈常被安装在机场或火车站里。该系统有两个主要目的：首先是用来确保登上飞机与飞机着陆后离开机场的是同一个人；其次是必要时我们能拿这些生理"签名"与可疑分子或被禁止入境者的数据进行比对。

生物识别技术指的是利用某些可测量的个人身体和行为特征来进行身份验证。上述特征是构成人体的某些元素：指纹、手、虹膜。此外，也有一些可以"测量"的动作：的确，每个人都有特定的声音与签名方式。照理说，这些恒久存在且因人而异的特征能通过特定的仪器和软件被识别出来。

尽管伪造护照是件相对容易的事，但是伪造虹膜则很不容易做到。边防警卫要求你注视一台仪器，借此取得你的虹膜影像，对于你而言，那台仪器其实就是一台相机。由此获取的图像将经过精密软件的分析，进行复杂的数学和统计计算，借此识别你的身份，找出你独一无二的特性，并将其输入数据库，分享给各个旅客安检中心。

我们刚刚提到过伪造虹膜不是件容易的事。人的虹膜早在怀孕期的第 3 周便已形成，并在第 8 周即"发育完成"，除非发生意外事故，人的虹膜一辈子都不会改变。虹膜是个非常复杂的东西：一种含有生物色素的色素细胞包围在瞳孔周围，这些细胞的排列不连续，每个人的细胞都依照不同的模式排列，甚至同一个人的一只眼睛和另一只眼睛的排列方式也可能彼此不同。

从数学和统计学的角度而言，人类虹膜的主要特征变化极大：该特征被翻译成一种条形码以后，可快速地用来与巨大的数据库进行比对，比对结果几乎万无一失，并能迅速地分享给世界各国的国际刑警组织。

上文中，修饰"万无一失"的"几乎"一词是不可或缺的：2012年，马德里自治大学的研究人员利用一个虹膜的数字影像成功地制造出人造虹膜，该影像取自于存储在安检机构数据库里的影像。当然，这只是一个实验，不过这显示出这种系统所谓的"万无一失"只是一种假设（现如今，网络攻击和可能随之而来的个人数据遭窃特别令人担心）。

出于同样的原因，专家们最近正在开发一种类似但据说更加安全的系统，即视网膜扫描（不再是虹膜，而是视网膜），所扫描的

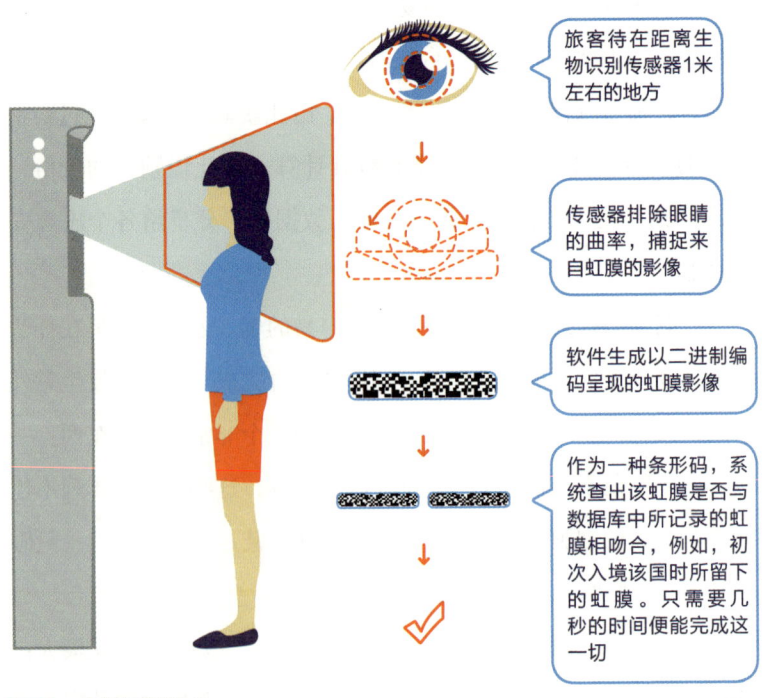

旅客待在距离生物识别传感器1米左右的地方

传感器排除眼睛的曲率，捕捉来自虹膜的影像

软件生成以二进制编码呈现的虹膜影像

作为一种条形码，系统查出该虹膜是否与数据库中所记录的虹膜相吻合，例如，初次入境该国时所留下的虹膜。只需要几秒的时间便能完成这一切

图20　生物识别技术

特定对象为视网膜中的血管。

此外，指纹识别系统也愈发精密。传统的指纹识别系统已被破解，而且几乎可以说是轻而易举地遭到破解，举例来说，嫌犯只要穿戴印有别人指纹的乳胶手套就够了。新的识别系统应有望能够扫描皮肤下方较难伪造的深层结构，或复制手掌的静脉地图，并将该数据传送到扫描仪。

为何要实施随身携带液体不能超过100毫升的禁令？

这项禁令于2006年推出，当时世界各国当局获得情报，恐怖分子正暗中策划携带某些足以引爆炸药的液体成分登机，在飞行途中制造大爆炸。直到今天，这项禁令仍持续引发讨论。

该禁令设下100毫升的限制，考虑到这可能是足以引发爆炸的最小容量。但当局仍对禁止携带任何瓶罐登机的禁令做了折中处理，因此乘客仍被允许携带某些特定的液体登机，即旅客于再次登机前所取得的液态产品，因为免税商店所贩卖的产品肯定很难被做成炸药。

显然，恐怖分子计划用佳得乐（Gatorade）一类的软性饮料装满炸药，并利用某种简单的设备引爆炸药（任何相机的闪光灯的电流便足以引爆炸药）。当然，这种做法本身就很冒险，特别是因为嫌犯本人得带着高度易燃的液体前往机场并登上飞机，换言之，搭乘出租车的嫌犯极可能在下车之前便形迹败露。

我们在此选择不对炸弹的化学成分进行详细的探讨，因为与一般的说法正好相反，恐怖分子的计划其实很复杂，并且具有高度风险，其失败的可能性也很高，但他们的选择并非毫无道理。但我们只要知道他们所采用的基本成分之一是过氧化氢就可以了。可能大家对于过氧化氢这个化学用语并没什么认识，而比较熟悉它的俗称——双氧水。双氧水顾名思义即氧元素含量极高的水溶液。水的化学式是 H_2O，而双氧水的化学式则是 H_2O_2。过氧化氢是一种具有腐蚀性且高度易燃的液体，闻起来很刺鼻。它往往以高度稀释的浓度被添加在化妆品中，在不致导致烧伤的前提下发挥卸妆的功能，然而……没错，达到一定浓度，它便具有爆炸性。高浓度的过氧化氢是火箭常见的燃料之一。

面谈才是上策……

科技并非万无一失，特别是在生物识别的领域里，各种工具和方法仍在持续发展中。此外，科技也可能将事情搞砸。况且，假使我们在顺利识别旅客之后想进一步了解他们的意图，这时，工作人员的专业眼光才是用来维护众人安全的最有效的方法。传统的识别由专家而非扫描仪进行，专家对乘客进行面谈，以确认其身份和意图，我们不该以为这是种过时的做法。相反，我们应该进一步发展这种方法，尽管它也并非万无一失。

美国心理学协会在 2014 年所完成的一项研究指出，仔细执行以面谈为主的辨识方法有效检测出"意图不轨"的乘客的概率比基于行为特征、依赖安检人员的传统检查方式高出 20 倍。这项在欧洲的 8 个机场所进行的研究指出，这个"创新"的方法识别出图谋不轨者的成功率为 66%，而传统方法的成功率则只有 3%，后者的重点在于找出一般认为犯罪者身上常见的态度，如避免目光接触、紧张和"不寻常"的态度。上述新方法执行数个月之后，其成功率更进一步攀升至72%。

以此为起点，几位英国的心理学研究人员开发出一种他们称之为"受控认知互动法"（Controlled Cognitive Engagement，CCE）的方法，根据这个方法，安全人员以非正式的方式采访旅客，以友好的谈话与旅客闲聊。表面上，他们看似出于单纯的好奇心询问了一些问题，但实际上那都是些精心设计的问题，以判断对方的回话是否有不合常理或回避的倾向。

其用意在于不要让受访者意识到自己正在接受询问，举例来说，安全人员可能会随口询问受访者上过哪所小学，而这一刻安全人员可能会在心里拟出个草稿，会说他也来自于那个国家，甚至来自同一个地区，等等。总之，就是不断地寻找一些可能让受访者的答复显得愈来愈薄弱的元素。

采用此种方法的安检人员必须高度集中注意力：他们必须能够提出各式各样的问题，并在每一次面谈中变换问题，而不是重复有关行李、行程安排、造访国家的联络人等模板问题。总之，他们应避免那些已经被问过上千次且一方面让安检人员感到疲乏；而另一方面容易被罪犯预料到的问题。这种方法可以通过相同的方式应用在所有的乘客身上，从而在一定程度上降低种族偏见的风险，而不像传统方法那样较容易聚焦于某些被安检人员认定为风险较高的身体或文化的特征。

下次旅行的时候，假使你在机场入口处遇见机场人员询问你支持哪一个球队，试问：他这么做是出于好奇，还是在施行某种科学识别程序？

旅途中的不适

第七章

为什么婴儿在飞机降落前会哭?

这东西很烦人,有时还会导致疼痛。这是个无关紧要的症状,一下子就过了,但它有个名字——气压性损伤。这个单词的前半部分"baro"指出这个症状的起因:这是一种由耳朵外部的压力快速变化所导致的不适症状。这也可能在你搭乘缆车时发生,但可能更常发生在你戴着面罩和呼吸器潜入水底去逗弄海胆的时候,而此类迅速的压力变化可能伤及黏膜组织,导致非常严重的损伤,因为水底的压力极高。

鼓膜是人类耳朵里的一个器官,能产生振动并牵动附于其上的听小骨链,将声波的刺激传进中耳内,要让鼓膜完美地运作,鼓膜两侧的压力必须相同。中耳的一侧与鼓膜相邻;另一侧则通过咽鼓管与鼻咽沟通：这个通道允许空气通过，因而能够因应外界压力而调节中耳内的压力。

外部压力的快速降低可能导致鼓膜被向外推，引起不适。这正是飞机起飞时所发生的，那时机舱内原本的环境压力被加压至人为设定的压力值。一架客机的加压通常校准在 1800～2000 米高的海拔，就算飞机到达 1 万米海拔的高空之上也是如此。你能否想象飞机不经加压飞行在这种高度的后果？同样的状况也发生在飞机下降和着陆的时候，那时飞机被减压，外部的高压将鼓膜朝内耳的方向推。这正是空气通过咽鼓管来不及对应外部压力的变化而做出适时

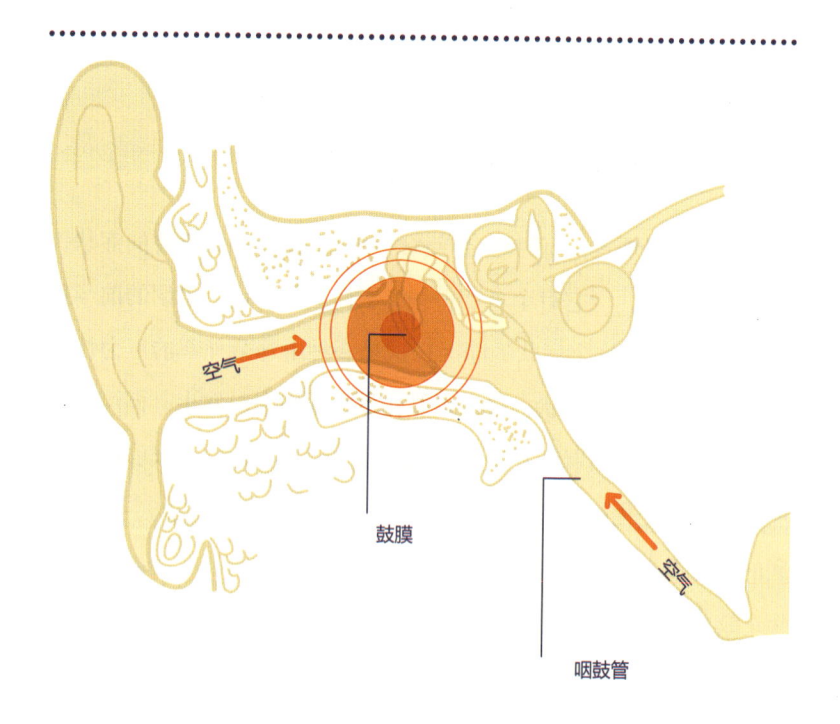

图21　外部环境和中耳之间的压力差导致飞机起飞和降落时常见的鼓膜不适的症状

的调节。

但这一切并不能解释婴儿为什么哭……经历这种不适时，你可能会试着用某些错误的方法调节耳压，比如说嚼口香糖，或者利用真的有效的方式，也就是堵住鼻子，将空气轻轻地从肺部向外推，疏通耳朵。没错，婴儿不知道有这些方法，而他们也没办法执行这些方法，此外，他们显然也有沟通方面的问题，因为他们还没学会怎么说话，因此他们只好使用自己唯一的杀手锏来处理任何问题——哭。

还有，婴幼儿的鼻子或耳朵往往有一些不严重的感染，而这只会让事情雪上加霜，因为黏液会堵塞咽鼓管，从而使压力的调节变得难上加难。

放声大哭还具有特定的疗效：感觉疼痛不适，又不知道该怎么办的时候，像打哈欠一般张开颌骨是一种极佳的发泄妙方。对你来说，最好的解决办法，除了耐心之外，就是备好一个奶瓶：吸吮是缓解疼痛和调节耳压的好方法。

气隙是否存在？

气隙无疑是个耐人寻味，甚至可以说是言过其实的用语。与其说气隙，大气中存在的其实是乱流：飞机以极快的速度在空气中穿梭，空气是一种流体，它的密度小于水，在这种流体中，温度或冷或热、密度或高或低的气团彼此不断混合，从而形成物理学用语中的乱流。乱流是一种方向紊乱、流速不稳定的流动状态，不同于层流，层流的流速、方向与强度维持稳定不变。

因此，飞机在航程中可能会遭遇上升或下降、或先升后降的空气所带来的突发性气流，此类气流导致飞机突然上移或下降、或升降，对于机上的旅客而言，此类经验可以说是与搭乘过山车没两样。剧烈的晃动、左右摇动、真空中的陡降，在一些极端的案例里，飞机甚至可能被向上或向下拖行至距离原本的航线 30 米远的地方。此类乱流可以被预知，某些专门的天气预报能够指出最可能遭遇乱流的区域和海拔高度。飞行员得以适时警戒，尤其是在遭遇冷锋、暖锋或山脉附近的雷雨时，伴随着雷雨的巨大浓积云很容易辨识。

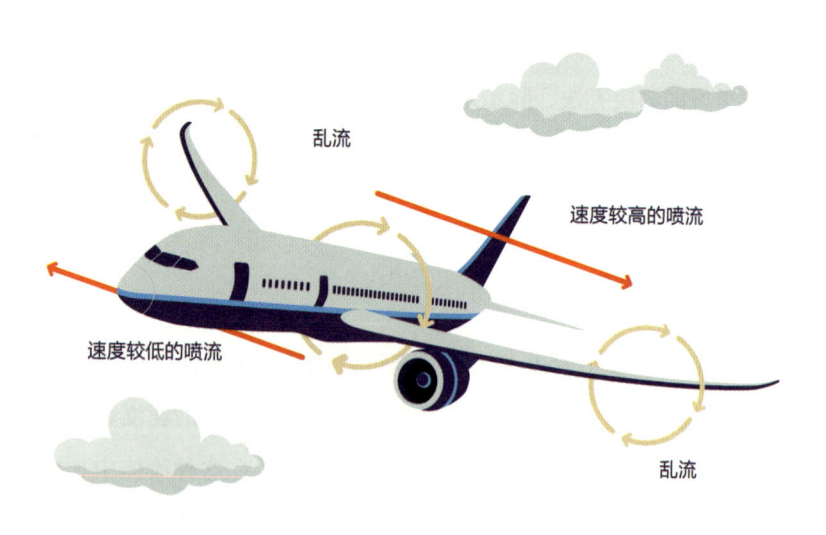

图22　高空中可能会发生突如其来的乱流，飞机在该处穿越各式各样密度和温度不一的气团

在某些地区，遇到乱流的概率很高，有些乱流甚至可以从驾驶舱直接目测，这便是所谓的晴空乱流。这种乱流多半形成于超过6000米的高海拔，该处各种气流移动速度的差异很大，例如在喷流附近。

总而言之，尽管乱流的体验令人感到不太愉快，航班其实没有突然被吸入真空，而进入了位于地球和纳尼亚世界之间的某个黑暗通道。所谓的真空地带其实是星际空间的一部分，位于1万米高空的地方，飞机在那儿遭遇到强度不一的上升或下降气流，但称之为"真空"是不正确的。

因此，你毋须将自己想象为满头大汗、咬紧牙关、紧紧抱着驾驶杆，并拼命地联系最近的岛屿以进行迫降的飞行员，这只会发生在好莱坞电影里。在飞机的驾驶舱里，飞行员顶多会启动标准程序，尝试绕过乱流的区域，尽可能地确保乘客有个舒适的旅程。但的确存在着一些无法预料的乱流，它们无法通过飞行程序及时被"修正"，因此，飞机穿过此类乱流时，飞行员也无能为力。

然而，现代化交通工具的构造既坚固，又灵活，遭遇乱流对飞机的机体本身并不构成任何危险，但可能威胁乘客的安全，尤其是猝不及防的乱流。

全球气候变化带来了与乱流有关的新变量。一项发表在2013年《自然气候变化》杂志的研究发出警告：由于全球增温的缘故，在未来的几十年里，北大西洋地区发生乱流的概率将提高40%～170%，而其强度将增加10%～40%。简言之，未来几十年的航班可能不再那么舒适了。

飞机为什么要飞那么高？

是啊，假使只要飞在一半的高度便足以躲开地表大多数的障碍物，何必飞到1万米的高空上呢？好吧，是有山脉没错，但如果你只是要从罗马飞往葡萄牙波尔图，那你根本不用飞越喜马拉雅山上空。此外，在那么高的高空飞行，这件事本身并不让人感到特别安心。

首先，在那样的海拔高度交通流量较少，因此，我们认定那个高度在某种意义上而言更加安全。然而，专家们选择这么做的主因与燃油效率有关（你想必已经注意到运输部门特别关注有关燃料消耗的问题）。

每架飞机都有其理想的飞行高度，高度主要取决于飞机的质量。大气的密度会随着海拔高度的提高而递减：在1万米高空的大气密度为海平面处的1/3，此处的空气较为稀薄，带给飞机的阻力也较小，因此，飞机只需要较小的推进力和燃料便可以腾空并持续前进。喷气式飞机要发挥其最高性能，就需要一个特定的氧含量的函数，喷气式飞机正是根据8000～10000米高空的氧气量所设计的。

那么，为什么不飞得更高？好的，在海拔更高的地区氧气含量很少，或说太少了，而这将损害喷气式飞机燃料的燃烧，更不用提飞机需要一定的大气密度的支撑。讨论耗能和燃油效率时，我们并不是想将能耗归零，而是设法找到飞行所需和能源消耗之间的最佳平衡点。以对当今的技术而言，上述的飞行高度便是最有效率的高度。

此外，提高海拔高度也需要很大的驱动力，换言之，需要更高的能源消耗，因此，对于几百千米以内的短程飞行而言，飞行在较低的海拔是比较划算的。

闪电是否有可能击中你所搭乘的飞机？

当然可能！事实上，我们可以说，每架飞机每年平均被闪电击中1次。然而，这并不会给飞机或乘客带来损害，当今所有的飞机都有精密的防雷认证，并在不断加强中。

乘客可能会听到"砰"的一声，接着一道雷电闪过眼前，但闪电对飞机的零件不构成威胁，对机身结构的威胁则更是少之又少了。

图23 飞机的导电金属外壳将电隔绝在外。击中飞机的雷电被导向另外一个点，释放至大气中

大多数的时候,闪电从累积了电荷的云层放电,击中机头或机翼的尖端部分,电流流向导电的机身,最后被释放至极性不同的云层中。

飞机的外壳含有丰富的铝,而铝正是一种导电材料。

风险最高的无非是燃料,储存燃料的地方甚至不允许有一点微小的火花,仅就这个方面而言,飞机的构造也经过了精心设计,以防止此类情形的发生。某些设备轻微损坏的情形则较为常见。

有关预防肠胃不适的几项建议

翻腾的肠胃显然是一个问题,如果说起初它只是有点烦人,短时间内它就可能会演变为真正的疾病,病况有时甚至相当严重。腹泻是一种肠道感染的病症,可有多种成因:细菌攻击、病毒攻击,或由寄生的微生物所导致。腹泻是世界上导致死亡,尤其是婴幼儿死亡的主因之一。预防腹泻其实并不复杂,因为导致感染的主因是卫生条件不佳以及清洁饮用水的不足。

所谓的旅行者腹泻每年影响 2400 万~ 4000 万人次的观光客,因此,你并不孤单,因为很可能在你所下榻的酒店里还有其他的房客跟你一样正在闹肚子。一般而言,不适的症状会在 1 ~ 5 天内消失,肠胃做出适时调整,而这也归功于更小心的饮食。根据某些专家的估计,全世界的人用来治疗腹泻的花费约介于 2.9 亿~ 4.9 亿美元之间。

最近刊登于《旅行医学和传染病学》杂志的一篇文章认为,患者最常采用的治疗方式(即抗生素治疗)往往是毫无用处,实际上,这种治疗往往适得其反，并可能导致具有抗药性的微生物迅速形成。因此，如果还得用别的药来遏止这种药所导致的并发症，可说是事倍功半。因此，唯有发生久治不愈的急性症状，且应在医师建议下，才可服用抗生素。

大肠杆菌是最常导致腹泻的细菌，而它们很可能已经舒舒服服地待在你的肠道里了。大肠杆菌有几种不同类型，其中大部分是无害的，但也有一些大肠杆菌可能伤害肠道里的菌群，在较严重的情况下，甚至可能危害肝脏。大肠杆菌是一种顽强的细菌，通过粪便感染，它们进入下水道（如果有下水道的话），接着蔓延至河川，最后进到含水层。单纯的烹煮不能消灭肉类组织中的大肠杆菌，加热的温度必须超过160℃，否则我们就只是帮细菌洗了个桑拿浴而已。

与腹泻息息相关的问题之一便是脱水的问题：感染期间，人体排出非常多的液体，许多如钠、钙、钾和碳酸氢盐等重要的电解质也随之流失。电解质是一种离子（带电粒子），对肌肉收缩、促进或调节血液的流动，以及维持细胞膜的稳定性等身体的重要机能来说至关重要。人体，尤其是肾脏，持续监控这些离子的浓度，一旦离子浓度过低，身体便会发出警讯，提醒我们喝水，以将新的电解质摄入循环系统中。

游客改变了惯有的饮食习惯，从而削弱了捍卫人体免受微生物连续攻击的肠道菌群：我们称之为肠道菌群，但它其实是一个住有400多种不同细菌的"大都市"，总菌量是全世界人口的2万倍，它们全都居住在游客的肠道里，这是游客感染腹泻的原因之一。

老奶奶的妙方

如何预防旅行者腹泻？设法让朋友邀请你到他家里吃晚饭吧。的确，根据专家的说法，准备食物的场所相当重要，从私人住宅到酒店、餐馆，一直到令人垂涎欲滴的街头小吃，肠道感染的风险随之递增。因此，没有比受邀至当地家庭用餐更好的了。食用益生菌则是另一个能有效预防感染的方法，适量地食用益生菌可有效援助并强化菌群。

其他的建议是：即便只是一丁点的疑虑，请避免瓶装水以外的水、软性饮料里的冰块（因为那可能是以非饮用水制成的），另一方面，你可以放心地享用各种软性饮料和啤酒。而有关茶类，假使拿来泡茶的水经过长时间煮沸，那么茶也算是一种安全的饮料，事实上，茶甚至能消毒。最后，你还记得在你还小的时候，老奶奶总坚持要你好好洗手吗？是的，出于经验，老奶奶知道卫生有多么重要，而她可不只是冲着香皂在手上留下的熏衣草香味：老奶奶知道，洗手能帮助你摆脱细菌——那些可能由手入口的不速之客（但她也许对于这些科学方面的细节一无所知）。

有些老奶奶甚至坚持要你花很长时间洗手，并且用力地洗。你觉得这么做很无聊，是吧？然而，根据密歇根州立大学的一项研究，美国人当中，只有5%的人洗手的时间长到足以消除所有可能导致腹泻或传播其他疾病的细菌。好好地抹上肥皂并摩擦双手30秒钟，可以消灭双手上58%的菌量，5秒钟的效果微乎其微或几乎无效；此外，含酒精的清洁产品可以杀死高达83%的细菌。众所周知，杀菌的程度视洗手时间的长短而定，但你得知道一件事，即你的双手可以说是一座住着3.9万~460万个细菌的大都市,其中一些细菌更是如假包换的不速之客。

如何对付晕船

何谓晕车、晕船、晕机和晕火车呢?

这就是医生口中的晕动症,一般而言,当实际的运动与前庭系统所感知到的运动出现差异时,便会引发这种不适的感觉。

在特定的速度和加速度之下,人体能移动自如,然而,当两者发生变化或交通工具进行加速的时候,速度与加速度变得不规则,比如摇晃的船或蜿蜒的街道,从而导致感知上的冲突:眼睛看到的是一回事,前庭系统感知到的又是另一回事,大脑因此混淆。而大脑一旦感到迷惑,便会反应出我们熟悉的不适症状:恶心、呕吐、出汗、疲劳和心动过速。

如果你从港口出发时便开始玩牌,最后你必定会玩不下去。你的眼睛看不见速度,由于你一直拿着牌坐在牌桌旁,但与此同时前庭系统记录了船舶上下或左右的加速运动,更惨的还有上下左右全凑在一起的加速运动。有时,即使波动已经停止,不适的感觉还会持续一段时间,乘客得等到下了船之后才会感觉好些。

晕动症多发于孕妇、儿童(尤其是3~12岁的儿童)以及偏头痛患者。

讲到这里,你也许正在思考对付晕动症的最佳良方吧。针对这一点,专家解释,最有效的方法(让我们暂且撇开药物治疗不谈)是去甲板上走走、呼吸新鲜的空气和凝视天际,因为这么做能帮助大脑与眼前庭之间的神经回路恢复稳定。人凝视天际的时候，头部会自然而然地保持一个对前庭最有利的姿势，从而有助于整合前庭和视觉的信息。眺望远处有助于整合来自这两个系统，说实在的还有身体姿势的信息：站姿和睡眠时的平躺姿势是人体的两个最中立的姿势。此外，站在甲板上也会优化嗅觉、触觉和热量等其他系统。总之，大脑最终理解到你正待在一艘船上，而你的身体与周围混乱的环境重新建立起一种和谐的关系。这听起来似乎有点奇怪，但眺望远方的确能帮助你解决感觉神经的错乱以及由它所引发的晕船症状。

如果你是在读书，情形可就大不相同了：头部前倾的姿势会让前庭处于一个不利角度。聚焦在很近的一个点对于眼睛而言是很吃力的，且不利于感知周围所发生的一切。

也可能有人建议各位闭上眼睛。然而，这是一个错误的解决方案，因为这么一来，你仍然为兴奋的前庭系统所支配，但假使你认为自己有办法睡着，那么这值得一试。

接着，请避免待在一些弥漫着强烈气味，如柴油、废气、香烟和各种油烟的地方。强烈的气味原本就可能引发轻微的恶心，更别提是在感官不协调的状况下，这只会加剧晕动症的症状。

此外，千万别听信上船前遵循适当饮食的建议，这全然是一种主观的认定，好邻居的秘方对你而言很可能是一场灾难。可以肯定的是，请不要摄取过多的液体（尤其是有气的饮料，因为它们往往会导致胃胀气）或固态食物，以避免增加胃的负担，胃对于此类情形尤其脆弱敏感。少吃东西并尽可能只吃容易消化的东西，这才是你应当遵循的饮食规范。

那酒类呢？酒类会渗透至位于前庭系统中的淋巴液里，改变其浓度。随着头部的移动而启动位于前庭的感觉毛细胞的正是这些淋巴液，毛细胞负责将有关加速的神经信号传递给大脑。随着淋巴液浓度的改变，纤毛的驱动也会产生变化，而与眼睛所传送来的信号相互矛盾。

最后，不要去看别人，因为他们的脸色会愈来愈苍白，然后会像僵尸般移动。这么做能帮助我们在晕船时避免心理放大（即人想到疾病及其必然性时所产生的一种心理作用）。

天啊，我在飞！

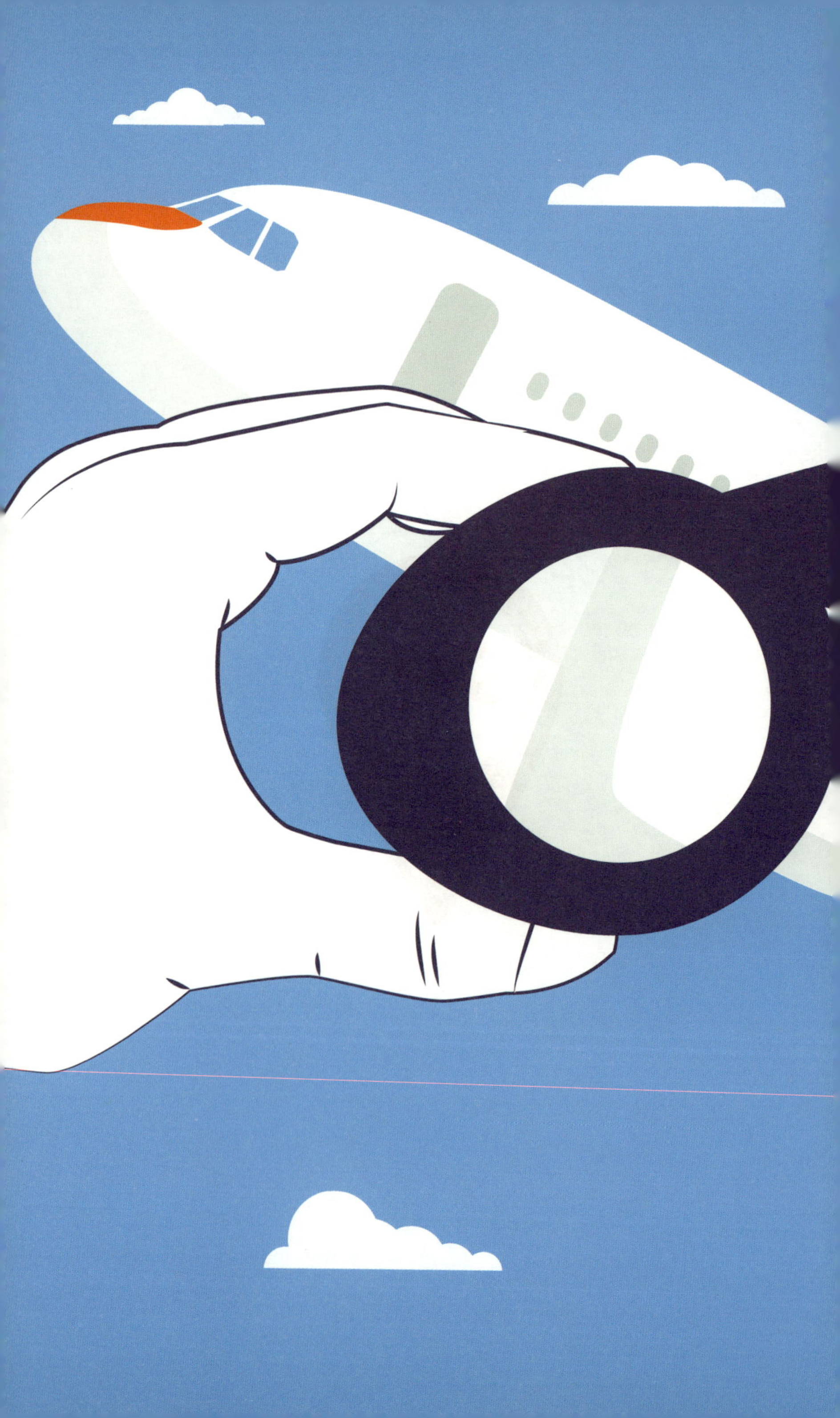

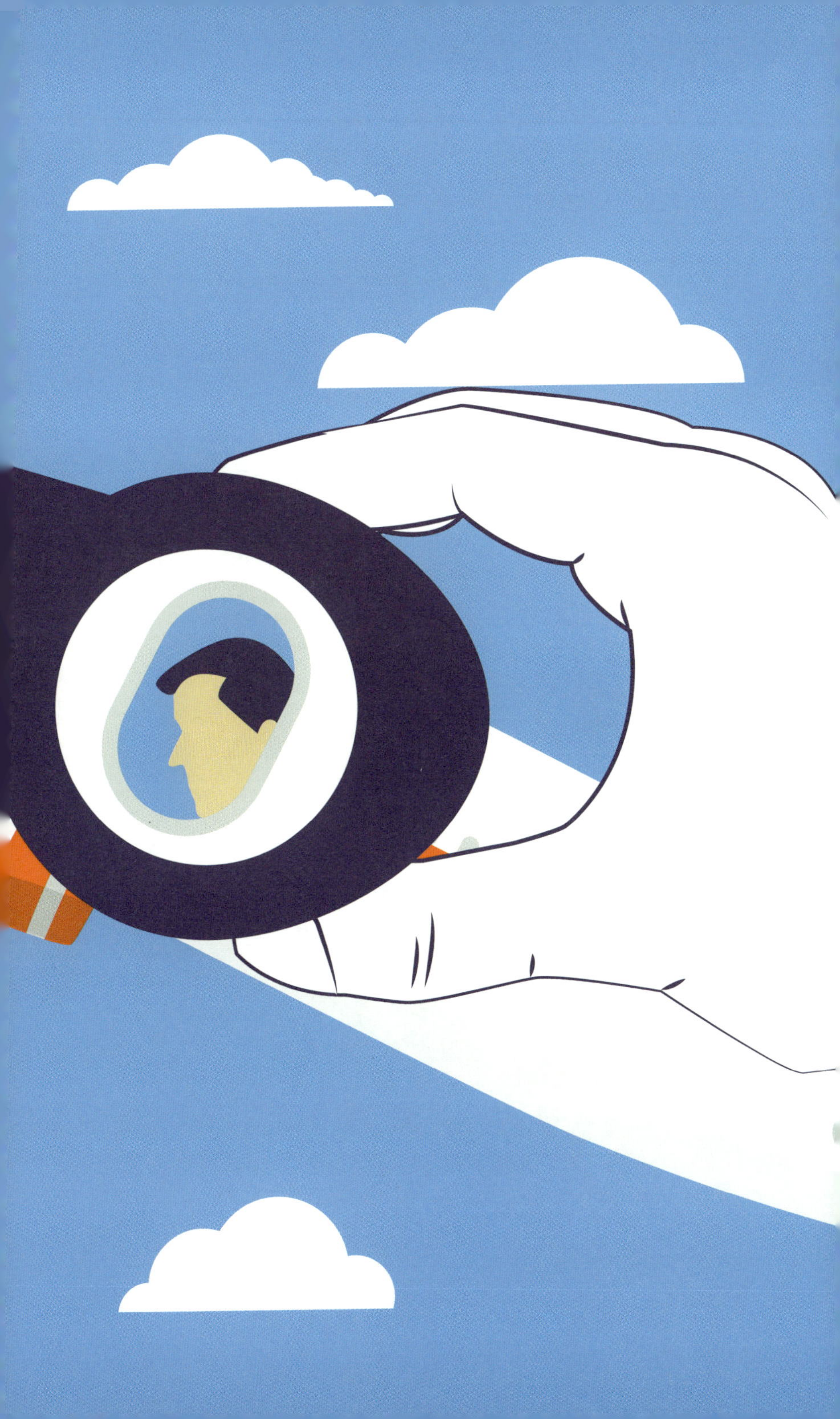

飞行物理

第八章

✈ 一个有关形式的问题

这似乎令人难以置信，一个用金属制成、重达数百吨的庞然大物居然能够载着数百名乘客和他们那大包小包的包裹、大纸箱和行李离开地面，上升至海拔 1000 米甚至 10000 米的高空，最后甚至"横跨"浩瀚的海洋与绵延的山脉。此外，随着时间的发展，飞机的重量和体积都增加了，但奇怪的是，它们的效能竟也与日俱增。

飞机飞行的要素有哪些？海鸥的滑翔与你刚登上的一架波音 747 飞机的飞行两者间有何区别？

飞机的飞行取决于其特定翼型（我们所指的是机翼的剖面形状）以及攻角，攻角即机翼的翼弦与飞机飞行方向的来流之间的夹角。

翼形之间可能不尽相同，但我们在此所谈论的是最典型的翼形，也就是停泊在离你正要前往的机场不远处的停机坪里大部分的机型

攻角

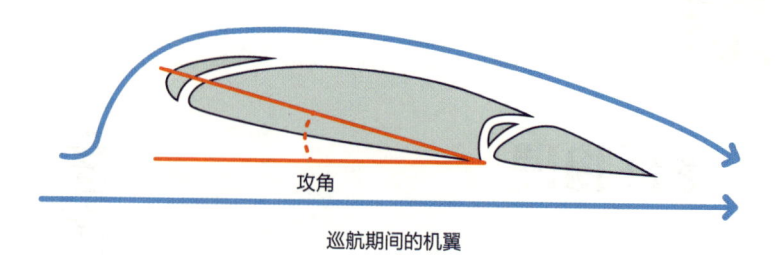

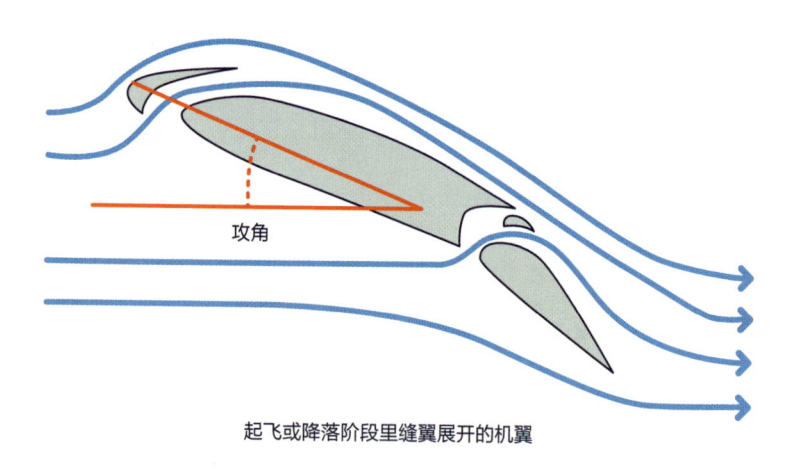

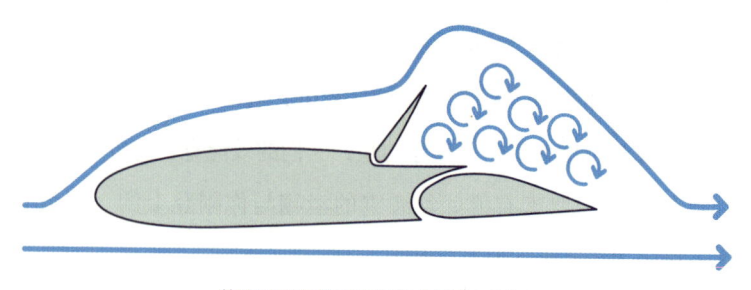

巡航期间的机翼

攻角

起飞或降落阶段里缝翼展开的机翼

着陆后开启着减速板以减低速度的机翼

图24 机翼的升力

所具有的翼形。此种翼形的剖面形状不对称，能将空气切成两半，流经其上半部的气流流速较流经其下半部的气流流速来得快。这使得机翼的上下两侧间产生压力差——机背处的压力较小，机腹处则较大，从而导致支撑机翼和整架飞机的向上力，即所谓的升力。因此，升力是对抗重力并支撑飞行中的飞机或滑翔中的鸟类的一股力量。

物理学家丹尼尔·伯努利（1700—1782）预测了此种原理，并对其进行了液体实验与测量，他证明了流体的速度愈快，压强愈低。

但请注意，尽管许多文章满足于这个解释，可是对我们而言，这种解释显得不够完善。

事实上，机翼的剖面所制造的压力差不足以抬起整架飞机，因为实际上最大的推力来自于机翼和飞机运动的方向之间的夹角，即所谓的攻角。其实你已经见识过此类夹角的效果，比如当你撑着伞

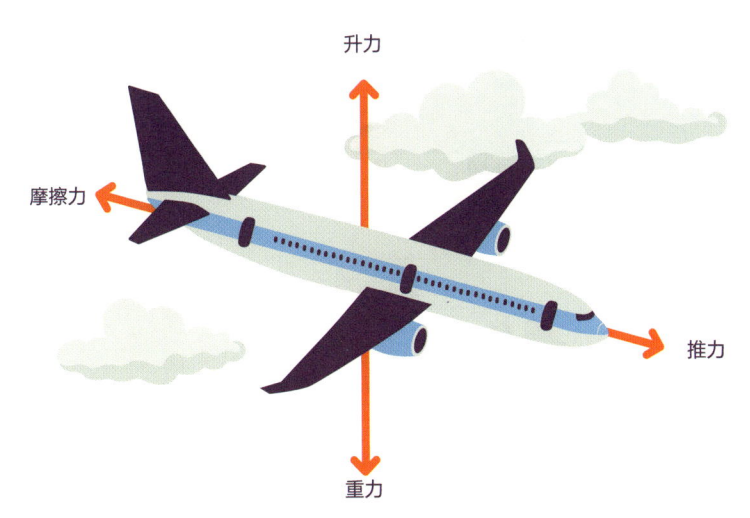

图25　飞行时牵涉到的各种力

行李箱里的科学

而刮着一点风的时候：若攻角接近零角，你甚至能够逆风行走，但假如你让攻角角度略微增加，你会感觉伞被向上和向后推（这起因于空气阻力），而如果你再让攻角角度增大一些，你将很难握紧手里的伞，伞会更猛力地被向上和向后推起。在此种情况之下，你说不定可以体验一下在空中自由翱翔的喜悦，你将腾空飞起，美梦成真：你可以像美国电影《欢乐满人间》中的仙女玛莉一样自由自在地遨游在自己家乡的房舍上空。

让我们回过头来讨论无风时也能够起飞的飞机，其实，飞机起飞还是需要风的，而为了随时可以取得和管理风，飞机通过发动机的推力以人为的方式制造风。的确，利用发动机的推力，飞机能制造出一种气流，气流根据机翼的攻角被用力地向下推动、挤压，借此产生将飞机向上推的升力。这种效应可通过物理学家艾萨克·牛

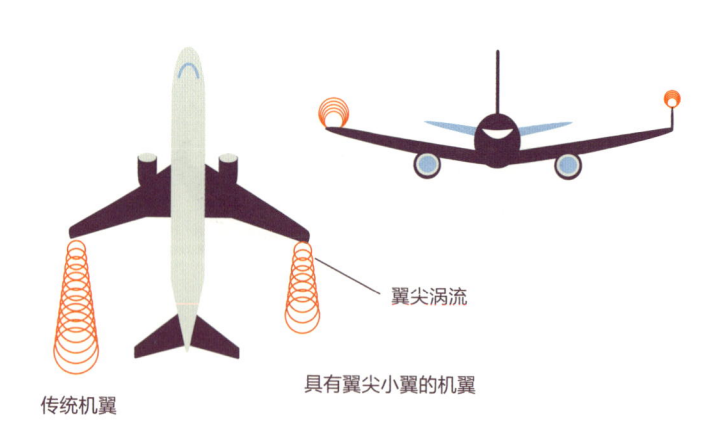

图26　两种不同类型的机翼

顿（1642—1726）所演绎的牛顿第三运动定律获得充分的解释。这是作用与反作用力的原理，根据这个原理，当两个物体相互作用时，彼此施加于对方的力，其大小相等、方向相反。

简言之，作用于一架飞机上的力基本上有4种：将飞机向上推的升力（其决定因素为机翼的形状和更为关键的攻角角度）；将飞机向下拉的重力；飞机配备的发动机所产生的推力；与推力相抗衡的摩擦力。

对于任何运动而言，摩擦力既是朋友也是敌人（一般而言便是如此，对于飞机而言亦是如此）。举例来说，若是没有摩擦力，轮子在飞机起飞和降落的跑道上会没有抓地力，但摩擦力也是飞机飞行中的阻力之一。影响飞行的摩擦力主要有两种：第一种是作用在整架飞机上的摩擦阻力，由构成空气的分子的摩擦力所导致，而飞机的材质及符合气体力学的形状都经过专门研究以将摩擦力降至最低；另一种则是翼尖涡流的阻抗力，由机翼产生的翼尖漩涡所导致，这时气流不再水平流动，而是汹涌动荡，工程师正努力寻找能够解决这个问题的最佳方案，设法让飞机周围的气流保持"稳定"。

因此，这是个有关气流，以及气流如何生成机翼下方的上推力的问题。飞机与鸟之间唯一本质上的差异在于导致这两种飞行体前进、加速或减速的推进力不同。飞机在出发点便居于弱势，因为它们无法像鸟类扇动翅膀一般扇动机翼，所以无法将空气向下推，以取得向上的反作用力。

然而，观察过不同飞行阶段的机翼的人想必注意到机翼可以改变形状，换言之，它们配备有可展开或收回的附属装置，以便增大或减小翼面，并能在某种程度上改变攻角。上述一切旨在更有效地在采取不同的飞行速度时管理升力：与飞机全速运转时相比，飞机起飞时的速度相当低,却需要有等于或大于重力的升力才能离地。飞机可通过变换翼型和攻角办到这一点。一旦成功升空,飞机采取一定的速度和空气密度下的最佳翼型(海拔 8000 ~ 10000 米高度的空气密度远低于地面处的空气密度),同样的情形也发生在飞机降落的时候,这时,飞机会增大翼面,并改变其形状,以便一面维持飞行一面减速,最终得以安全降落。

人类抄袭了老鹰

空气动力学最新且最重要的一项进步便是有关机翼形状的改良。航程的某一刻,你肯定观察到有些飞机的机翼末端出现了向上折叠的小翼,或其他位于翼尖、形状奇特的装置。

可能有人认为引进这种小翼是为了让航空公司的标志出现在从机窗取景的照片里,但事实上这种小翼大大改善了飞行效率,因此许多飞机,甚至包括一些老旧的飞机,都经过翻修和"添翼美容"。

对不同机型和飞行距离而言,小翼可帮助节省 3% ~ 5% 的燃料用量,而这显然给温室气体的排放带来了重大影响。小翼能减少翼尖处的涡流,后者缘于机翼下表面流向翼尖的湍急气流。我们可以通过加长机翼取得类似的效果,但是这么做会导致飞机结构的改变,包括机翼重量的增加,因此工程师倾向不这么做。

小翼类似于秃鹫、隼、普通鵟、真鹛等滑翔鸟类的初级飞羽。而老鹰的初级飞羽是最大推进力和最小翅膀长度之间的最佳比例,可以有效地减少涡流,原理相同的翼尖涡流也在飞机通过的天空中形成，明显降低飞行效率。

除减少翼尖涡流之外，小翼也降低了作用于机翼上的压力，机翼所需的维护也因此减少，飞行更加稳定。小翼在飞机遭遇天然乱流时显得特别重要，因为它能让飞机的飞行更加平稳。

✈ 喷气机的运作原理是怎样的？

飞行领域的先驱很早便明白了一件事，即轻巧是对抗重力的关键，早期的飞机便是根据这个要点而设计的。然而，有很长一段时间，人类找不到推进力，找不到一个足以产生推力并将它维持一段时间的东西。人类可以在手臂安上翅膀并试着拍动它们，毕竟几个世纪之前达·芬奇已经想出这个办法，但模仿鸟类可不容易，原因之一是鸟类不只是上下拍动翅膀，而是一面拍动翅膀一面变换翅膀的形状，而后者有赖于羽毛的排列。对于当时的人而言，有效模仿鸽子拍动翅膀的动态显得太过复杂，因此还是放弃或至少暂时放弃这个方法为妙。

有关推进力的难题最终在螺旋桨的引进之下被化解，后来还发展出可以达到可观速度的喷气机。其原理基本上可以被总结为4个阶段：

- 空气通过进入气道被吸入发动机中。
- 接着，空气通过一系列的叶片而被压缩，这些旋转的叶片迫使空气通过发动机里一个截面宽度递减的通道（某些压缩机甚至能将空气压缩至外部压力的40倍以上）。
- 空气经过压缩机压缩后进入燃烧室与煤油混合燃烧（在这

行李箱里的科学

个阶段，温度甚至可达 2000℃，远高于工程师所使用的合金的熔点，因此发动机的冷却系统成了非常关键的因素）。
- 最后，引擎将膨胀的气体推向机尾的方向喷射出去，通过喷嘴的气流大幅度加速，从而产生一个向前的推力。

将喷气机引入航空科技堪称是一场革命：帮助克服空气阻力进而升空和飞行的推力愈大，振动就愈小，效率也愈高。这方面的技术持续进步，从 20 世纪 60 年代至今，效率每年约有 1% 的进步，因此，在 2025 年之前，喷气机的效率无论在舒适性或燃油消耗率方面都极可能达到 10% 左右的进步。

✈ **高空急流**

高空急流是一种气流，像蜿蜒的蛇一般围绕着地球的极地地区和赤道地区。极地高空急流足以对北半球温带地区的季节气象构成

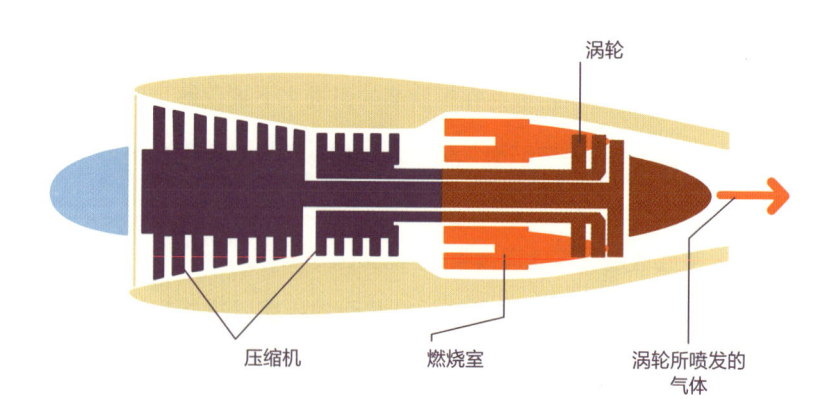

图27　喷气机的运作原理与剖面图

为什么有些飞机飞过天空后会留下带状白烟，有些却不会？

留下白烟的飞机穿过的是一层特别阴冷且潮湿的大气，飞机经过时，大气层的水分凝结成冰晶，从而产生带状白烟，有点像是高海拔地区的云。在气象学中，这些"云"的名字叫凝结尾，而高空中的风有可能导致它扩散，并将它吹走。

在海拔 10000 米左右的高度，温度非常低，低于 -20℃，在潮湿且不稳定的天气条件下，发动机所排放的废气便足以导致凝结尾的产生；飞机经过时产生的翼尖涡流也可能导致凝结尾。

假使明天你在眺望天空时看见两架飞机，而其中只有一架留下凝结尾，那么这极可能是因为两架飞机正飞行在不同的高度，换言之，它们正通过两个湿度和温度条件彼此相异的大气层。

凝结尾给环境带来的冲击是有关气候变化的问题：就好像每一种云一样，这种云也会改变地球大气系统的能量平衡，但作为一种人为产生的现象，凝结尾目前仍是气候学家持续研究的对象。

也许这个段落会让你联想到化学凝结尾阴谋论（Chemtrail conspiracy theory）。不，根本没这回事，那是科幻小说的内容，并非本书所探讨的主题之一。

影响，气流在对流层的上层由西向东传播（对流层是地球大气层最低的一层，位于地表到 12000 米的高空），有时气流的密度会增加，流速变快，有时则会扩张并减速。所以各位可以将它想象为一条由空气所构成的蛇，这条蜿蜒的蛇漩涡般地旋转，其中心地带的速度可达 300～450 千米每小时，转速朝外围的方向迅速递减。曲流呈波浪形，时而向上或向下，来到不同的纬度：夏季时的高空急流相当薄弱，然而冬季时，这条"蛇"的移动很频繁，弯曲的幅度很大，给欧洲和美洲大陆的核心地带带来猝不及防的寒冷和大雪。

高空急流给部分航线带来了相当程度的影响。的确，飞机在高空急流里逆流而行需要消耗更大量的燃料，但我们也可以反过来利用它大幅度地降低燃料的消耗与飞行时间。这就是为什么原则上在欧洲和美国之间的航线，某个方向上的航班会靠近高空急流飞行，但朝反方向飞行时却会试着避开它。

2015 年，几架民航飞机利用了某段速度极快的高空急流乘势而行：在从纽约飞往伦敦的航程中，飞机飞行在时速 320 千米的气流中，高空急流拖行飞机，而缔造了时速 1000 千米以上的惊人速度。因此，飞机只花了 5 个多小时便完成航程，比预定时间提前 1.5 小时便降落到英国的首都。

船舶也利用水流

我们用了很大的篇幅介绍地球的大气，但海洋也值得在游客的笔记本里占有一席之地。海洋环流大大促进了高纬度和低纬度地区之间热量的交换，只要思考一下墨西哥湾暖流在调节地球温度方面所起的作用便能了解这一点，换言之，海洋环流不但对你即将前往的国家的天气带来影响，而且是很大的影响。

但从旅客的角度来说，假使你打算来一趟巡洋舰之旅，那么你想必得打听一下那些可能会在航程中阻碍你或助你一臂之力的重要环流。潮流虽然规模较小,也可能影响你旅途上的一些选择,如进港或在海湾寻找停泊处的时机。

另一方面,几乎所有的表面环流都由盛行风所引起:风吹动空气摩擦海面,空气流动所产生的动能促成水的流动。水一旦开始流

极地高空急流

亚热带高空急流

时速140英里
时速120英里

时速100英里
时速80英里

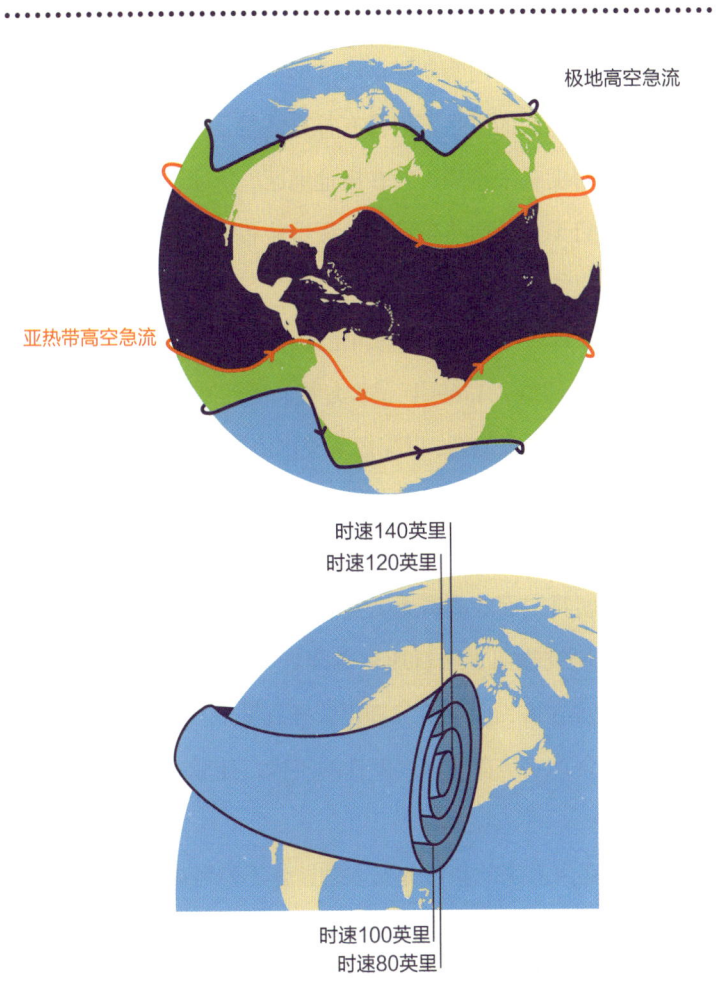

图28 高空急流

①1英里 = 1.609344千米

动，科氏力便开始发挥作用，致使北半球的洋流向右偏转45°左右，南半球的洋流则向左偏转（同样的原理当然也作用在风向）。只要在地图上看一下主要环流的流向便足以理解科氏力对环流所带来的影响。

海水密度分布不均导致全球性大量海水的流动，影响范围甚至包括海洋深层的水流，此类的洋流由海水的密度差所导致，而海水的密度不均，一方面是因为某些低纬度地区的海水增温；另一方面则是因为高纬度地区的海水不但没有补充能量，而且还通过辐射失去能量（因而密度愈来愈高）。在极地地区，海水因为密度变高而下沉，从而开启了其返回热带地区的缓慢旅程，并导致温度较低、密度较小的水流涌向海洋表面。

几百年来，许多国家的航海家早已认识到如何利用海流航行在最有效率的贸易路线。1769年，本杰明·富兰克林雇人绘制了一幅墨西哥湾暖流的精确地图，以缩短从美国海岸到欧洲之间的航程。如今，由于全球90%左右的贸易依赖各大运输公司旗下的7万艘商船，有关航程的问题仍显得举足轻重。今日的商船仍设法降低其运输成本，而燃料方面的成本无疑是商船的最大开销之一。国际海事组织的一项研究指出，航行速度若降低10%左右，燃料的消耗量也会减少27%左右，而这给二氧化碳排放量带来相当大的影响。因此，无论在今日或是在地理大发现的年代，船舶都尝试对海流作充分的利用。

如果你正在为未来的旅行寻找主题，你不妨考虑来趟亲自触碰地球环流的旅行。许多环流光是名称便引人入胜，何不前往加拿大去看一看源自于巴芬湾的拉布拉多洋流？它那冰冷的海流一路南行，远达新斯科舍省和美国新英格兰的海岸。此外，还有南非的阿古拉斯洋流，这个洋流正好形成于南非东边外海接近好望角一带和更远的海域。早在 16 世纪，受命前往非洲南部寻找通往印度的通道的葡萄牙指挥官便对这个洋流有所认识。他们很快便领悟到想要在这种海流里逆流航行几乎是不可能的，因此他们在前往印度的航程中尽可能地远离海岸，并在返国的航程里利用有利于航行的海流。还有巴西洋流或日本的黑潮，此种洋流因沿着赤道流动而增温，最后将其热量传递给它们流经的海岸。假使你爱好冲浪，那么你绝不想错过加利福尼亚洋流。还有一个主要的洋流被命名为洪堡德洋流，用以纪念伟大的德国博物学家洪堡德（1769—1859），这个寒流是靠近智利和秘鲁的海岸的上升流，它影响了安第斯山脉西侧的气候，而两国的整体渔业经济也与此洋流的季节性和全年的变化息息相关。

科氏力

盛行风和洋流的方向，或总之地球上所有重要的自然现象的方向，都受到某种颇为神秘的力量的影响。我们所说的是缘于地球自转的科氏力，换言之，若真有那么一天地球停止自转，这股力量将随之消失。科氏力使北半球任何移动中的物体偏离原本的路径而向右偏转，在南半球则向左偏转。这种偏向力除了作用在气流上，也作用在你刚刚扔出去让小狗追逐的网球上。

然而，这是一个非常微弱的力量，唯有作用在流体上时才显得比较显著。弹道专家会告诉你，如果你在发射大炮时想确保能击中目标，那么你便得将此种偏移计算在内，此外，就连火车的钢轨的磨损也有不对称的现象,仿佛有人持续将列车向右推一般(当然,这里所指的是北半球)。科氏力的作用几乎只在流体——特别是在太平洋赤道洋流上才观察得出来,而你只要随手翻阅一本地图册便会看见,洋流正是根据上述原理随着偏向力流往赤道的南侧与北侧,从而带来流向几乎呈螺旋状的环流。

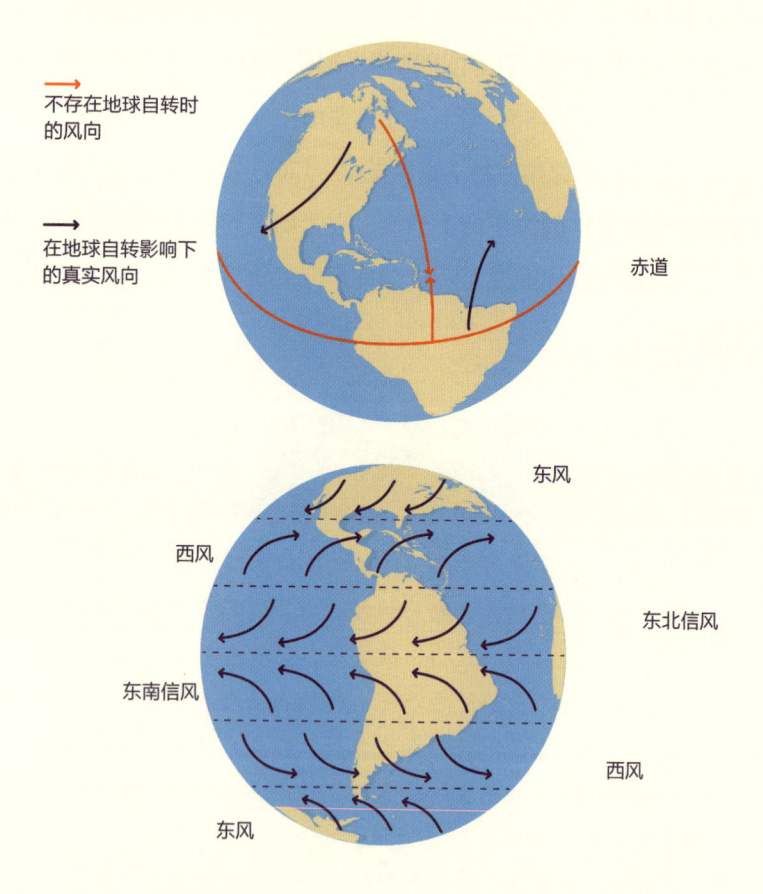

图29 上图:在地球自转的影响下,流体"包括气流和水流"的流向在北半球里向右偏转,在南半球则向左偏转;下图:科氏力对南北两个半球的盛行风所带来的影响

第九章　旅行真累人

天啊，我在飞！

旅行真累人

✈ 为什么起飞时必须关闭电子设备？

在飞机起飞前，机组人员会要求乘客关闭所有的电子设备，但也允诺在接下来的平飞阶段可以再次开启电子设备，前提是乘客已经将它们转到了"飞行模式"。按照国际的规范，在海拔3000米以下的高度，即起飞和降落阶段不允许使用电子设备；一旦飞机超过这个高度，就可以使用计算机和平板计算机，及已设定为"飞行模式"的行动电话。飞行员究竟在担心些什么呢？

他们所担心的是，这些电子设备有可能会对飞机上的电子设备产生干扰。有可能，上头是这么写的，因为有关这个主题，并不存在任何确切的证据，但电磁干扰本身便是个非常复杂的领域，而现存的几个研究尚未有效厘清这个问题。因此，专家和飞行员同时做出提醒，安全措施永远不嫌多，因为不怕一万，只怕万一。

飞机通过天线不断发送和接收来自陆地和卫星的无线电信号，这些信号经飞机内各种仪器不同阶段的处理，最后才通过复杂的线路系统传送到座舱。在飞机上，有很多很多的电子设备分布在你的四周。于是，手机以及所有那些通过 Wi-Fi 工作的对象便产生了一个问题。因为它们发射出相当强大的无线电波，尤其是当无线电波正在搜寻可以连接的收信端时，很可能干扰其他机内或机外仪器，从而带来风险。有些航空公司提供旅客机上通信的服务，但此种服务的运作原理与乘客的手机有所不同，飞机上的卫星电话符合特定的技术规范，因而安全无虞，它们利用安装在机翼上的天线，与飞机其他的电子仪器之间保持一定的距离。到目前为止，飞机电子仪器故障的案例为数甚少，但无论如何我们不应对这些电子仪器掉以轻心。飞行员怀疑某些意外事件的原因与旅客使用电子产品有关，这些案例都已被收集至美国国家航空航天局（NASA）的数据库中：飞行员发现，当某些雷达、通信系统、自动驾驶仪或空中防撞系统出现异常时，经提醒乘客关闭手机、光盘播放器或 iPad 等电子用品后，飞机仪器便重新恢复正常；有些档案则提到飞行员在耳机里听见杂音，是一种无线电干扰的典型现象，而该现象也在机长要求旅客关闭电子设备之后消失。从安全角度而言，这一切看起来似乎有点大惊小怪，但从飞行的角度而言，即使是飞行员的稍微分心也被视为高风险事件，因此这一切都被记录了下来。

无论如何，截至目前为止，尚未因乘客使用电子设备而发生严重的事故，因此科学无法对此做出宣判，但即使没有受到正面或反面证据的支持或反驳，我们仍应该出于良知而遵循小心为上的规范。如果你正坐在三人一列的座位上，根据统计数据，你和你的两位旅伴之中极可能有一位会忘记在起飞或着陆之前关闭电子设备。

✈ 时差综合征

时差综合征是进行快速跨时区旅行时常见的一种睡眠苏醒周期紊乱的现象。直到人类发展出能在短时间里进行长距离位移的旅行方式，时差综合征才开始出现，时差综合征所导致的不适感来自于生物体从出发地到目的地所经历的自然节律的错乱，其症状包括睡眠障碍、思路不清和胃肠不适。时差综合征是一种非常普遍的现象，一般而言，只需静待几天，不适的症状便会自然减缓，据说，完全恢复身心平衡所需的天数大致等同于旅途中所穿越的时区数。在某些案例中，因为时程紧迫，旅客必须及时回到工作岗位（试想出差中的商务旅客），或立刻打起精神前去探访泰姬陵，时差的症状便可能构成真正的问题，因此，旅客愈来愈常诉诸各式各样的治疗，甚至包括药物治疗。

然而，时差综合征的起因究竟为何？长话短说，时差综合征是人体的昼夜节律（由人体内在那名副其实的生物钟所控制）与大自然的昼夜周期之间不同步而失调的结果。

天然光源是睡眠苏醒周期与昼夜周期同步化的主要因素之一，因此，日出和日落极为重要。快速穿越不同时区会"混淆"人体内部的生物钟：比如说，当生物钟提醒我们"是时候去睡觉了"，外界的信号却告诉我们"现在仍是大白天，海滩上还人山人海呢"。

人类体内最主要的生物钟位于大脑深处的下丘脑里，生物钟从人体器官边陲的多个"虚拟时钟"接收信息。该系统制定了人体特有的生物昼夜节律，甚至影响我们的行为。

假使只跨越一两条经线，你很可能不会察觉到时差问题，但假使你跨越了超过两个以上的时区，那么你的生理节律便会面临严峻的考验，身体得花一段时间才能适应变化，生理紊乱的现象也将更加明显。

有许多主观与客观的因素影响着时差综合征。一项研究模拟了一趟为时 6 个小时由西向东的旅程，即前往时间提前的时区的旅程，研究结果指出，年龄介于 37 ~ 52 岁之间的旅客比 18 ~ 25 岁之间的旅客表现出更强烈的症状。因此，年龄也在此现象中发挥作用，但研究的结果彼此之间仍有分歧，换言之，这个科学领域仍有待进一步的探索。

研究证实旅途的质量和在飞机上所摄取含酒精或咖啡因的饮料也会对影响时差综合征的症状。上述因素所带来的直接影响将在抵达目的地不久后消散，但它们可能影响人体生物钟的调节，使其较晚才能适应目的地的昼夜周期。

现在，你可能想知道要怎么做才能快速调整至当地的昼夜节律。

如果你只是因为出差得离家一两天，那么顺其自然甚至更好。你大可以跟疲倦共存一两天，不然等到身体适应新时区的时候，你也已经回到家中了。

控制光线是介入调整人体昼夜节律系统的方式之一：调整光线的明暗可帮助适应新的时区。服用褪黑激素是已得到证实的有效方法之一，必须在出发的 3 天前于目的地就寝时段服用，接着继续在当地的晚上22点到午夜之间连续服用3天。褪黑激素是一种调节睡眠周期的激素，在傍晚时由身体产生，其浓度于夜间降低。入夜前暴露在光下会抑制褪黑激素的合成，所以能抑制睡意。

因此，可以配合光与暗适度地摄取褪黑激素，但此种方法的有效性还在研究当中。有关褪黑激素使用的科学证据仍然不完整。

请大家务必对于刊登在牙医诊所候诊室杂志中的文章保持警觉的态度，寻求医生的指导。作为一种非处方药，褪黑素可以于药房或其他贩卖场所取得；根据美国国家科学院的说法，成年人服用10毫克以下的用量不会带来任何风险。

综上所述，最好的办法似乎是在出发之前，把自己的睡眠周期做些微的调整，不要将就寝时间延迟两小时以上，这么做也相当地困难，使其更趋近目的地的昼夜周期，借此逐渐适应新环境。这个办法可与褪黑激素的摄取相结合，但须在医生指导下进行。

光的强度并非是影响人体生物钟的唯一因素：其波长也发挥一定的作用。蓝光抑制褪黑激素的分泌，从而妨碍睡眠。

智能手机显示屏发出的正是此类波长的光，因此，大家不应该在睡前查看电子邮件，尤其当你想减轻时差的影响时。规律服用氨基比林咖啡因片也被视为帮助适应新时区的可能办法之一。但请小心，不要将旅行所导致的一般性劳累与时差综合征混为一谈：许多游客沿着单一经线移动，并不受常见的时差因素影响，但他们仍面临了因其他因素，如疲劳、气候和饮食变化等所引起的睡眠障碍。

动物的旅行

也许你自认为是伟大的旅人、不倦的旅人。不过，有些"旅行家"还胜过你呢。但它们之所以旅行，不是为了消遣，而是为了生存。它们四处寻找食物，随着不同季节移至有利于它们生存的环境。对动物而言，迁徙是非常自然的，但有好几千年的时间，当智人尚未采用政治的屏障圈（即人类所谓的国境）划定他们的栖息地时，人类也曾是一种迁徙的动物。有些动物迁徙数千千米的距离，以享受和利用北极短暂的夏季，还有一些则是从一个山谷迁徙至另一个山谷，或在一个山谷的范围内，冬天时从高海拔迁徙到谷底，还有其他的动物在大洋的深处和水面之间迁徙。

体型娇小的北极燕鸥（学名：*Sterna paradisaea*）是个旅行冠军，它们一年到头都生活在夏天里，年复一年地从地球的一极飞往另一极不断追逐着夏天。近年来，研究人员使用了新式的微型鸟类追踪器，因而得以对此种鸟类的迁徙路线更加了解。格陵兰岛的自然资源研究院、奥胡斯大学、英国南极调查局以及冰岛大学的自然科学研究所的研究人员观察到，为了抵达南极，北极燕鸥得完成一趟蜿蜒曲折的旅程，途中它们会在浮游生物和鱼类丰富的地区稍作停留。总之，研究人员发现，北极燕鸥每年平均飞行71000千米：这是地球上最长距离的迁徙。

鲸的迁徙也不容小觑，其中包括夏季时会游往北极和南极等海水较为寒冷地区的座头鲸，它们在极地地区大啖磷虾和其他微小的海洋生物，接着返回低纬度的温暖海洋。在极地地区饱餐一顿之后，便是这些庞大的哺乳动物努力求偶交配的季节了，也是已经怀胎的母鲸分娩的季节。座头鲸的迁徙距离是已记录的海洋哺乳动物迁徙中最长的。

雨燕追逐着阳光和食物，每年甚至可能飞行高达18000千米的距离：它们能飞越撒哈拉沙漠抵达西非，移至非洲大陆的东部，接着返回欧洲繁殖。

鲑鱼、海狮（一年可迁徙9000千米）、金枪鱼、鳕鱼、斑马、羚羊、驼鹿、驯鹿、蝗虫，甚至包括蝴蝶都是伟大的旅行家。有迁徙习性的物种为数众多，它们的时间框架由季节决定。假使地球的转轴相对于绕行太阳公转的轨道面没有倾角，地球便会是一个没有季节的行星，试问，那会是怎样的一个行星呢？

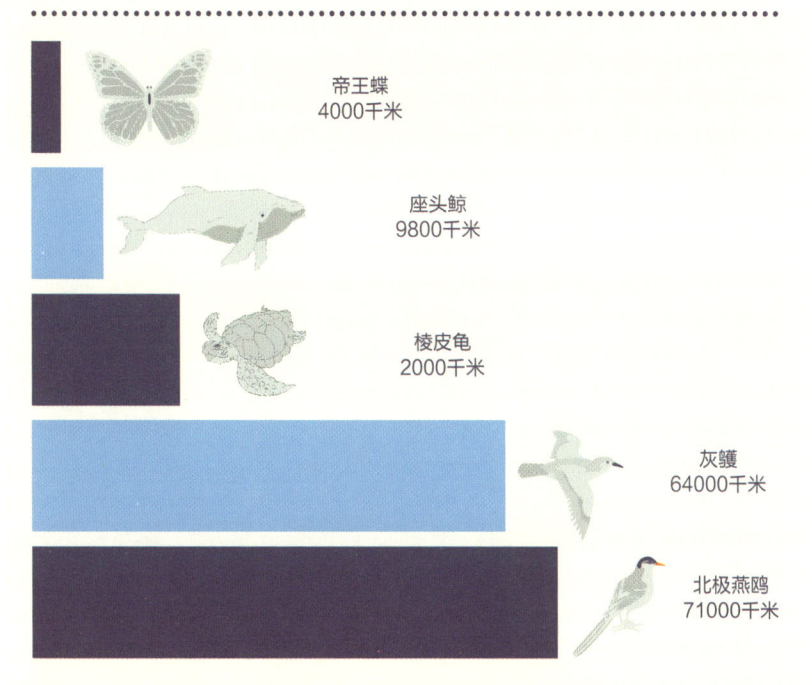

图30　动物的旅行，信息图形指出几种动物每年迁徙的距离

旅行日志

第十章

✈ 夕阳是一种错觉

你终于来到巴厘岛或加州的海滨观赏夕阳。原本发出耀眼白光而令人无法逼视的太阳染上了一抹橙色,接着泛出粉红色、洋红色,片刻后便从视野中消失无踪。

首先,你得知道自己很幸运,因为火星人(假使他们真的存在的话)无福享受这种缤纷奇景:是大气层创造了这种奇景,而火星的大气层比较薄。除了空气密度之外,太阳往地平线西沉时得在大气层里走相当长的一段路,从而带来上述的阳光变化。的确,空气不会致使阳光发生色散;否则,你看见的不会是白光,而是太阳的频谱经过色散分解后所残存的颜色光谱。然而,当太阳的光线必须进行一趟穿越空气层的漫长旅程,情况便有所改变。首先,阳光中的蓝色和紫色光谱慢慢地被散射,接着轮到绿色、黄色和橙色光谱,最后被散射离开（与真正的日落一起离开）的是波长频宽最宽的红色光谱。

牛顿研究过这一现象，他观察到阳光穿过水晶棱镜后被分裂为彩虹的七彩原色，因为水晶棱镜的密度与空气不同。这个现象在物理学里被称为光的折射。紫色和蓝色以较大的角度从水晶发射出来，简言之，它们以较大的角度被折射出来，而黄色和红色则是以较小的角度被折射分离，这就是为什么后者能够通过大气层，因为在此大气层发挥了相当于棱镜的作用。绿色和蓝色的波长被以较大的角度折射至远方，到了海里，但没有抵达你的眼底。

我们提到黄色和红色以相对于光源（太阳）较小的角度受到折射而改变方向。角度虽小，但仍存在，这就是为什么太阳的盘面消失前的短暂片刻其实是种错觉：太阳根本不在你看见的位置，但这丝毫无损于它那千变万化的浪漫风情。

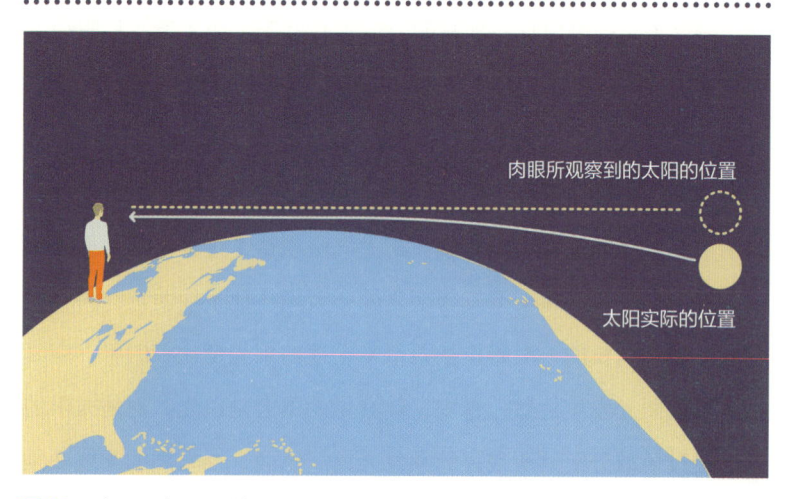

图31 太阳已经没入地平线之下，但我们仍能看见它。这是因为阳光经大气折射而弯曲的缘故
资料来源：《天空和望远镜》杂志，2006年

阳光经大气折射改变路径，最后映入你的双眼，但实际上太阳已沉至地平线之下。"看呐！"女伴会告诉你，"太阳仿佛静止在地平线了。"而你可以揶揄她，告诉她这是她说过的最真实或最接近事实的一句话了：太阳看似静止在那儿，但那仅仅是光的折射所带来的效果，实际上，太阳已沉至地平线之下。这么说可能会有点煞风景，但这肯定会为你们的关系带来新气象，说不定隔天你们就会在最近的科学中心共度午后时光。

✈ 时区

要弄懂时区向来很复杂。我们总是不大确定：究竟得把时间往前还是往后调呢？这是一种马可·波罗或哥伦布都感到全然陌生的困境：他们当年旅行的步调非常缓慢，慢得足以让两人在各自的旅行日志里不疑有他地标示当地时间。的确，直到19世纪为止，一个地方的时间就是当地的时间，换言之，每个地方都采用以当地子午线为基准的真太阳时。这是从前的时间概念。

随着铁路的出现和迅速普及以及彼此距离遥远的地区之间的电报通信的使用，彼此协调从而得以预知各地的时辰已变得至关重要。

从天文学的角度而言，我们可能会满足于以下知识：有一条以每小时15°的速度由东向西绕行地球的本初子午线。每天的某个时刻，本初子午线（在教堂钟楼的日晷标志着正午的那一刻）会来到那不勒斯，宣告上午的结束；1小时以后，本初子午线将往西——往伦敦的方向移动15°，届时在那不勒斯便是下午了。

接下来需要24小时的时间，标志正午的本初子午线才会再次回到那不勒斯（这是绝对会发生的）。在180°的位置，标志午夜的子午线不停地追逐自己那位身处于白昼的兄弟，但从未能追上它。子午线是一座天然的时钟，但对编排列车时刻表的人而言，这座时钟没什么用处。

19世纪的某段时间里，以当地时间为准的通信带来的混乱情形令人难以忍受。似乎是为了协调铁路班次，在接近19世纪末的时候，美国同时采用了53种不同的时间测量系统。1884年国际子午线会议在华盛顿举行，正是为了制订一个世界标准时间，会议决定以经度0°的格林尼治子午线为起点线。格林尼治子午线东西7°30′的范围订为零时区。向东走，每个时区横跨经度15°，每到达下一个时区，时间便提早一个小时，一直到180°经线通过的–12时区；向西走则以相反的方式计算，经过12小时再次来到180°经线。而在180°经线处发生了奇迹，因为在那里，且只有在那里，有条假想线通过，你的钟表所显示的时间相对于伦敦时间从+12跳到了–12小时：这就是国际日期变更线。

结果是，每个国家中只有少数几个地区的时间被"校准"至当地的真太阳时，在其他广大的区域里，时间或者较早，或者较迟。这是一种人为的规定，这点无须多做解释，但这是个行得通的制度，有了24个时区，各地之间协调起来就更加方便了。当然，并非所有国家都同时采纳这个决议。有很长的一段时间，直到20世纪初，爱尔兰、法国和印度都没有采用这个制度，而是坚持沿用原本的计时方式，但它们最终仍不得不顺应趋势。

还有少数的例外，如苏里南、伊朗、美国的拉布拉多和印度，这些国家和地区采用了自订的时区，一个介于两个时区之间并往往与该国的东部和西部只相差半小时的时区（中国和印度都采用全国统一的单一国家时区,尽管两国的国土都横跨多个时区)。

当然,各国不免按照各自的行政边界调整时区。举例来说,仅仅因为起点线通过爱尔兰便将该国分成两个时区,这种做法显然不切实际;另一方面,俄罗斯由于国土极其宽广而被划分为11个时区。

一项建议:采用单一时区

因为,承认吧,时区会把人搞得晕头转向。一段时间后,你开始记不起在家乡那儿现在几点,对所在地的时间也有点疑惑不清。从而萌生了一个想法:全球何不采用单一时区。在伊斯坦布尔是下午15点,在雅加达也是下午15点:一处的海滩仍然拥挤;而另一处则所有人都已入睡。

有两名美国的天体物理学家认为所有的国家都应该采用格林尼治标准时间。他们要大家都遵循格林尼治子午线、格林尼治的时区、格林尼治时间。再简单不过了。如此一来地球上任何地方的任何一个人都会知道现在到底几点。这个想法听起来有点疯狂?中国全国采用了单一时区,而这可是一个国土横跨了4个时区的国家。印度的国土则横跨了两个时区,即使在孟加拉国地区太阳已没入地平线之下,而在拉贾斯坦邦才刚刚开始日落,印度仍选择施行单一时区。俄罗斯决定取消2个时区,将原本的11个时区改为9个。总而言之,时区的定义方式颇为弹性,过了一段时间后,人们会自然而然地适应。

这个点子看似天马行空,但既然提出建议的是两位天体物理学家,或许值得纳入考虑。

行李箱里的科学

✈ 你以为自己是单独出游吗？

不论你登上的是一列火车、一艘轮船或一架飞机，你要知道，你并不孤单。有数以百万计的细菌与你一同上路，前往布宜诺斯艾利斯或安克雷奇旅行，其中的一些甚至严重威胁你的免疫系统。

人身处在一个陌生的地方时最害怕受到各种细菌侵袭的地点首推卫生间。然而，某位微生物学家为了某网站在 4 架飞机和 26 个机场所完成的一项研究，描述了与此大不相同且令人意想不到的概况。

这位微生物学家的目的是找出在一般人频繁接触的表面当中，哪些才是最……最受微生物青睐的表面。有些旅客对于飞机的卫生间敬而远之，心想它们"肯定不干净"，要知道，这项研究的结果会让这些旅客与那个位于走道的尽头、狭窄、不便，但总是有用处的小房间重修旧好。

专家从各种表面采集了样本，并发现最不清洁的是你用来摆放双手和三明治的那张小桌。专家在那儿发现了平均 2155 个左右的"菌落形成单位"（CFU），即用来计算细菌数目的单位。专家的做法是，以无菌的拭子擦拭一个表面，接着拿同一张拭子擦拭一块有利于细菌繁殖的特制的盘子，几天后进行测量或以肉眼目测盘子上所形成的细菌菌落密度。

名列最肮脏的物品排行榜中的，包括你头顶上的空调出气孔（285 CFU）中，卫生间里的水源开关（265 CFU），最后还有安全带（230 CFU）。你也要提防机场里的饮水机（1240 CFU），这也是微生物所钟爱的另一个巢穴。当然，这些数据远不及你给爱犬使用的宠物碗上的细菌数目，那才是名副其实的细菌大城

飞机上最脏的地方

马桶的冲水按钮

折叠餐桌

安全带的扣件

空调的出风口

机场里最脏的地方

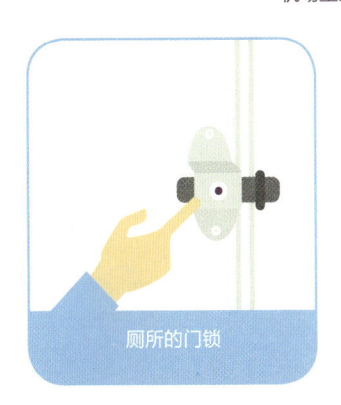

厕所的门锁

饮水机的操作按钮

图32 飞机上和机场中最受细菌喜爱的地点

（30.6万CFU），但这些数据远远超过卫生间的平均细菌数目，藏匿在该处的细菌平均约为172菌落形成单位。

虽然我们并不预期这些场所会像医院一样干净，但酒店的肮脏程度也不逊于飞机，休斯敦大学所进行的一项研究指出，除了卫生间和洗手台之外，遥控器的按钮以及床头柜边的电灯开关也充满了细菌。

然而，不必惊慌，相反，你不应轻信网络上为数众多的文章，那些诱导性的文章鼓吹人们拿大量的漂白剂、手术手套和口罩塞满整个行李箱。有细菌不代表一定会生病。我们往往不知不觉地将细菌与疾病画上等号，但事实并非如此。微生物无所不在，甚至存在于人体内，事实上，微生物对我们的生存起着重要的作用。原则上，人类已习惯与它们共存，反之亦然。微生物存在于各位的键盘上、你正在阅读的书本上，菌落无所不在，即使网络上的文章令人印象深刻，但它们其实可能会误导你。因此，你大可以安心地使用卫生间，就好像你轻松地把双手搁在座位前的折叠桌上那样。然而，尽可能地好好洗手的大原则始终不变，我们可以借此摆脱那些暂时沾附在我们手掌上的有害细菌。

辨认方向

第十一章

✈ 所有的地图都画错了

别误会我的意思,我并不是说,地图是以不严谨的方式根据想象力随意绘制,然后用垃圾填埋场里捡到的打印机匆匆印制而成的。问题出在地球的形状,经过适当的简化,我们可以将地球视为一个球体。球体不像立方体或棱锥那样可以被呈现在平面上,绘制于球体上的图形,比如各个大洲的轮廓,一旦被呈现在平面上必然会遭到扭曲变形。你可以试着将地球仪削开,然后展平在一张纸上,就是找个固体的东西,把它削开,然后在桌上摊平,但你会发现自己根本办不到这一点。假使你想使用一个最接近真正的地球的模型,那么你必须选用地球仪。

用地球仪来计划下次的澳大利亚之旅吧,如此一来,你将能避免有关计算距离或估算某些区域大小的各种误差。是的,因为你可能已经注意到，在某些地图里，格陵兰几乎跟非洲一样大：显然有哪里弄错了！

然而，你可能会遇到一些操作上的问题：除非你用一个直径数米的地球仪，否则，地球仪将显得不够精细，从而无法精准地帮助你找出从悉尼到墨尔本的路线，而你正打算去那个隐没在草丛里的小镇停留一两天。更别提地球仪没办法折叠收藏或放在汽车的仪表盘上等问题。

因此，为了方便起见，制图员纷纷求助于几何学以找出一种呈现地球球体的办法，他们将不同的地理坐标投影为可展平的几何形状，借此制作出可打印且可折叠的地图，一言以蔽之，即更实用的地图。上述形状包括圆柱体、圆锥体、圆圈和其他混合形状，后者有时相当复杂。

有关圆柱投影，制图员的处理程序是以圆筒包围地球，例如，一个接触赤道并向两极延伸的圆筒。换句话说，你可以想象自己把地球仪放在一个用纸或纸板做成的圆筒里。圆筒的直径相当于赤道的直径，而被卷在圆筒里地球仪的赤道正好接触圆筒的圆周。接着，你将地球仪表面各个地理坐标投射到圆筒的表面。仿佛地球仪的中央有一盏灯，而这个光源照亮各个大洲、城市、河流的轮廓，简言之，它照亮了地理学家想要呈现在纸上的所有元素，而这些元素的影子被投影到圆筒上。接着，你可以切开圆筒，并将它打开并摊平在桌上：这时我们已经拥有一张可折叠的地图了。当然，上述程序是通过几何公式，而不是真的在地球仪中央点灯而完成的。

这时，你会立刻注意到此种以赤道为基准的切柱面投影的问题：南北两极无法以上述方式投影，因为照向圆筒上下两侧的光线无法为圆筒所拦截。

天啊，我在飞！ / 第十一章 辨认方向

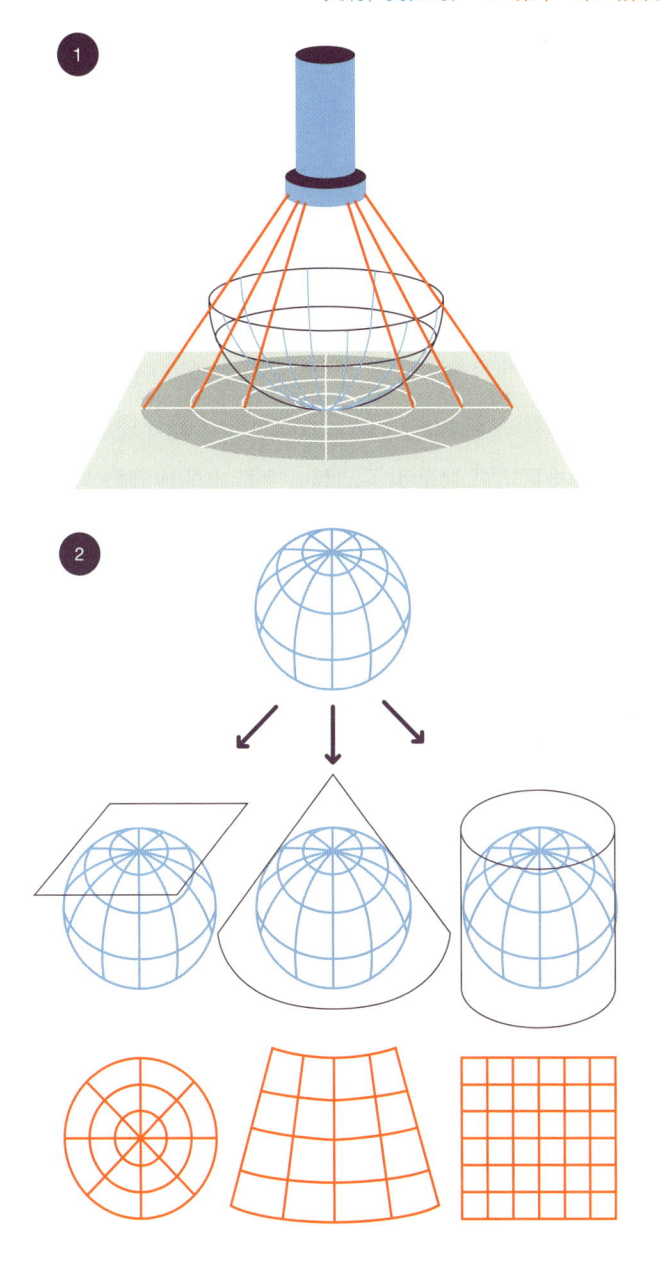

图33 1.地图投影的原理，即将球体或半球体上的坐标投影到平面上的原理；
2.三种主要的投影：平面投影（左）、圆锥投影（中），圆柱投影（右）

两极地区被投影到无穷远处，此外，距离赤道愈远，陆地的变形会愈来愈大，直到无法投影，极点附近的区域将显得不成比例，仿佛患上了巨人症而显得异常巨大，而这迫使制图员放弃呈现纬度80°以上的地区，原因很简单，因为地图根本无法容纳它们。

你刚刚认识到了一个事实，即没有任何地图是精准的。

当你翻阅地图册为下一次旅游寻找灵感时，你会发现投影的方式为数众多。有些投影方式像切西瓜一样把地球剖成了一个个的楔形，有些是圆形、双心形或蝴蝶形的投影，此外还有椭圆轮廓的投影，每种投影方式都是为了凸显一个特定的地理特点。存在200种以上的投影，在此我们不可能全数加以介绍和探讨：有些投影能以最好的方式表示赤道地区，其他的则完美地呈现极地地区；有些帮助导航，其他的则较能如实地说明自然现象。然而，任何一种投影都无法声称自己能以最正确、最符合比例尺的方式呈现地球的原貌。

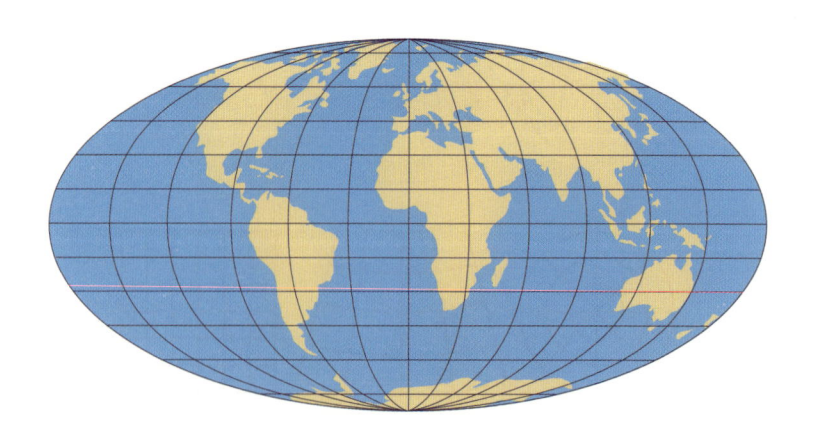

图34　摩尔威德投影：保持各地区之间原本的比例，相较于彼得斯投影较不会扭曲大陆的形状

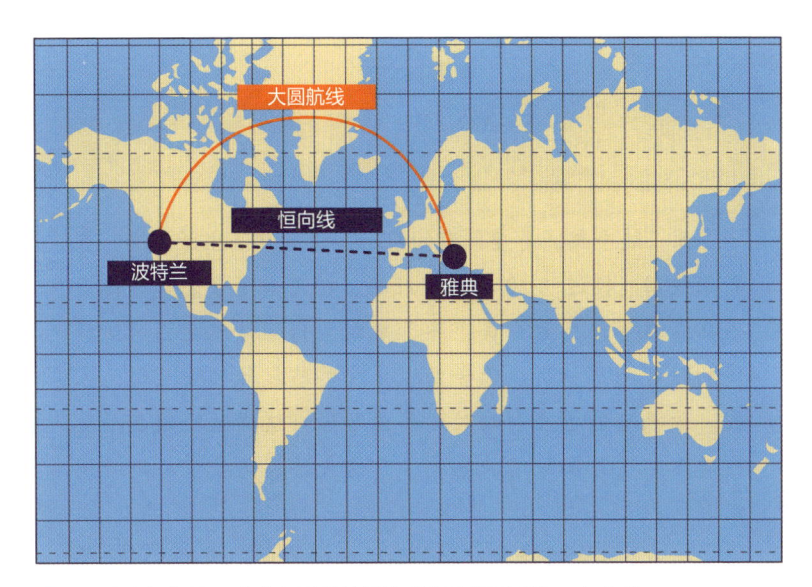

图35 墨卡托投影：雅典和波特兰间的最短路径呈现为一条曲线

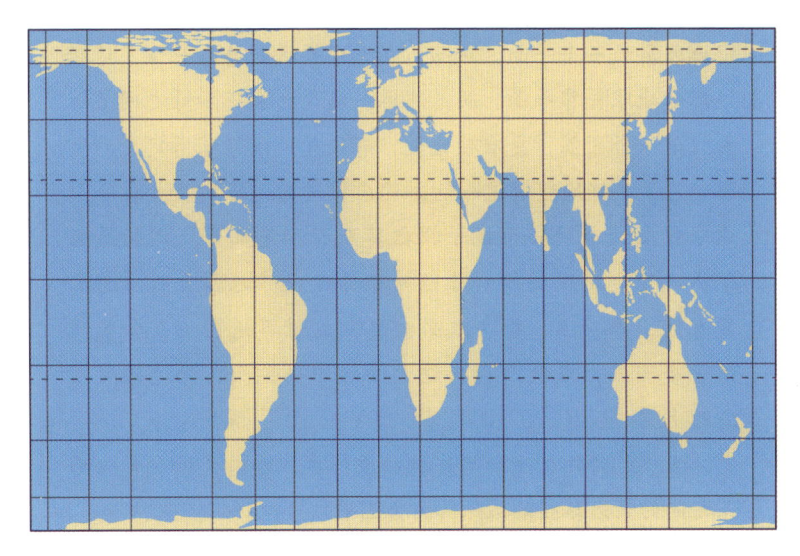

图36 彼得斯投影：非洲被表示为与原面积相等的投影

飞机的飞行路线为什么被表示为弧线？

你正随手翻阅着座位前的杂志，你浏览了生活时尚、在新加坡不能错过的10个美好经验，接着看了手表和其他奢侈品、非奢侈品的广告，终于来到了刊登该航空公司所提供的航线的那一页。你会发现，这些路线往往被呈现为弧线。你很可能已经自动对此作出解释：这样做比较能呈现出起飞、飞行和降落的感觉。而这或许也是航空公司的用意之一。

然而，这种选择也有其科学方面的原因。为了在一张普通的地图上指出莫斯科到芝加哥之间的最短路线，你很可能会用一条直线将两地连起来。毕竟学校曾这么教过我们：直线是两点之间的最短路径。但这个道理只适用于平面，适用于家里的桌子，或你所在的地区，在那里，你可以概略性地将地表看做一个平面。然而，在思考较远距离的时候，你必须想起地球并非平面，而是球体，莫斯科和芝加哥之间最短的线是一个圆弧，更准确地说，那便是地理学家所定义的大圆。为了更好地理解这一切，你应该进行以下实验：在一个地球仪上试着用一条绳子找出莫斯科和芝加哥之间的最短距离。你会发现最短的路径并非你在世界地图上所画的那条直线，事实上，那条线若被复制到世界地图上，会呈现为一个圆弧，弧线没有通过大西洋中央，而是跨过格陵兰岛的上空。

这就是为什么飞行路线被画成弧线。沿着大圆且作为两点之间的最短路径的圆弧称为大圆航线。

大圆航线无疑是最短的路径，但遵循大圆航线航行的水手和飞行员被迫不断地以磁北为准改变飞行方向，而这可能会带来不便。因此，有些地图上可能绘有等角航线，即所谓的恒向线，等角航线由多条与磁北维持相同夹角的直线所构成。

许多水手和飞行员的做法是，在进行长途航行之前先在地图上（比如依照墨卡托投影所绘制的地图）画上大圆弧线，即最短路径，接着遵循固定方向为圆弧画弦，而后者正是沿着大圆航线的多边形链。

如此，他们采取相对于磁北的一个特定夹角启程离港，在航行一段路之后再进一步修正路线，沿着另一条弦继续航

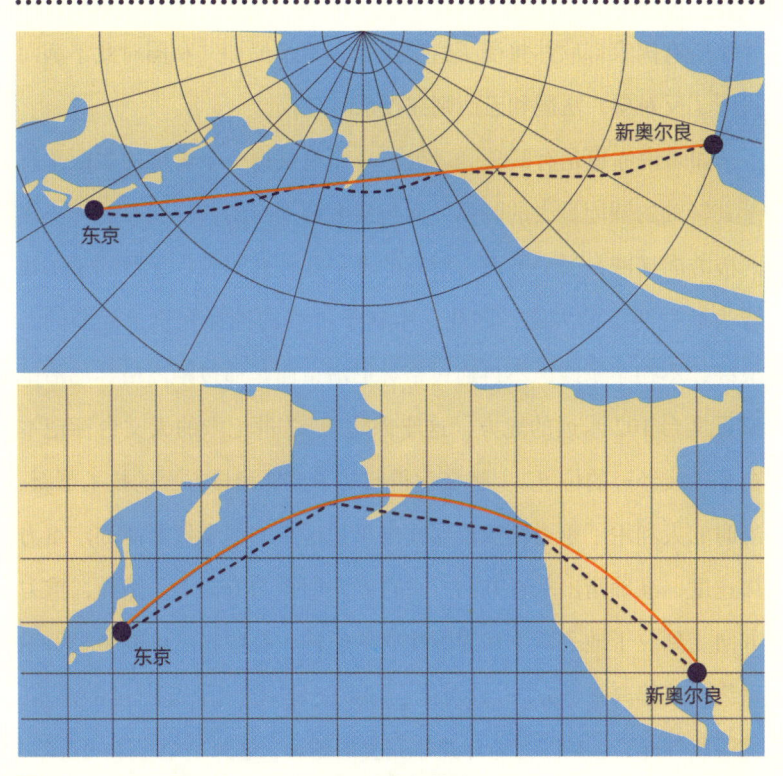

图37　东京和新奥尔良之间的最短航线是怎样的

行，遵循此种方式，直到抵达目的地。当然，这里指的是理想状况，而没将某些可能影响行程的海流、风或其他问题纳入讨论。

✈ 零度经线不再通过格林尼治

但它仍通过格林尼治附近的某处。让我们立刻澄清一点：有很长一段时间，欧洲的旅客以本身所属的国家、王国或县市的子午线为基准，一直要等到于美国华盛顿特区举行的国际本初子午线大会，格林尼治城的子午线才获选为本初子午线，代表零度的经线。但是并非所有国家都欣然接受了这项决议。多米尼加共和国对此不满而投下了反对票，法国和巴西则在投票时弃权。

如果说赤道是有其独到之处——赤道是指一个天体的表面垂直于其转轴的圆周最大的圆弧，而与最大圆平行的其他圆弧的大小往两极方向递减；另一方面，所有的子午线彼此等长：无数的子午线皆为通过两极的大圆，因此，本初子午线的选择完全是武断的。最终，本初子午线已不再通过格林尼治，而是通过距离格林尼治皇家天文台 102 米远的地方，这座兴建于 17 世纪末的天文台标记本初子午线经过的位置。上述变化得归功于大地测量方面的技术革新。当时的人利用了重力勘探仪器找出兴建地点，这个仪器能测定重力加速度，准确指出垂直方向（垂直方向即重力方向）。然而，重力方向受到位于地表以下和周围物质的影响，有些物质可能会吸引铅垂线使其偏离垂直方向。这可能会导致测量中产生一定程度的误差，之所以如此，也是因为地球并非完美的球形。这只是个小小的误差，但刚好可以通过现代化仪器修正，尤其是全球定位系统（GPS）这一类原理上不受重力影响的测量方式，为此，地理学家不得不重绘本初子午线，如今，新的本初子午线通过距该座历史悠久的天文台不远的田野间。因此，假使你下次专程前往格林尼治，想在GPS上记录本初子午线通过的精确位置，请记得要往东移几百米。

你是否知道如何找出所在位置的经度和纬度？

打开GPS并读取坐标，完成。

搞什么，电池没电了。于是你打开平板计算机，连接到Wi-Fi。

什么？由于服务器错误而没有Wi-Fi？

你打电话回家，打算要求电话那头的人打开计算机，接着，你向他解释自己身在何处。但没人接听。

你并非迷失在沙漠里，你只是有点好奇，想知道所在位置的地理坐标。何不关上手里的GPS，尝试用别的方法达到同样的目标？没错，正是如此，请你稍微尝试体验一下身为一个17世纪的探险家那种陶醉的感觉，或者试着抬头望向天空，利用大自然所提供的种种线索，来了解一下你究竟处在这个奇妙而几乎呈完美球形的天体的何处。为了找到你的定位，你必须找出所在地的经度和纬度。

有关纬度，你可以参考星星，因为纬度的测量比经度来得容易。另一方面，定义经度的则是经线，有好几个世纪的时间（直到16世纪），经度的测量是最令航海家忧心的问题，他们只能在能见度良好的白天航行，不然就得冒着撞上纬度已知但经度不明的暗礁或海岸的危险。

想得到你所在的纬度，一块普通的木板是你可以取得的最简单的工具，只要从木板一个顶点至对角的顶点沿着量角器标示出 0°～90° 的刻度。接下来，你必须在半圆的圆心穿过一条绑有重物的绳子，一个简单的测斜仪就此大功告成。

现在，你需要一个可以用来瞄准北极星的照准器，并利用垂挂的绳子测量出北极星相对于地平线的高度：所测出的数值便是你所在的纬度。真的很容易，是吧？假使你在南半球，那么你必须找出南十字座。

六分仪是一种历史悠久的导航仪，其原理基本上与上述简易仪器的原理一致，但比较复杂和精确。

另一方面，经度的计算则比较复杂。基本上就是要测量出你所在的定点与本初子午线，即 0° 经度之间的夹角。为了找出经度，你必须遵循以下步骤。我们知道，地球自转一圈需要 24 小时，假设我们把地球表面分割为 360 段：如此一来每小时便相当于 15° 经度。好的，你应该查出格林尼治现在几点（你可以预先调查好这一点，并携带一块校准于格林尼治标准时间的手表）。当太阳抵达其最大高度（简言之，即当地太阳时的正午），而校准于格林尼治标准时间的手表指针指向下午 16 点，那么，你就可以断言自己位于西经 60° 的地方。为了得到这个结论，你必须将 4（小时）乘以 15（度）。

然而，由于时区制的采用，这种类型的计算仍有一定的误差值：来到最大高度的太阳相当于当地时间的中午，但时区有其宽度，因此随着你距离时区中线（向东或向西）的远近，你所在地的时间或多或少会比当地时间早或迟一些。

幸好你不是生活在18世纪

否则你可能会对自己生活的世界充满着五花八门的幻想。事实上，15世纪中叶一直到19世纪下半叶的这段时间对于地理学家而言是几个着实令人着迷的世纪。这便是所谓的地理大发现时代，如今，这个大发现仍是许多游客的灵感来源。

为数众多的博物馆讲述那个时代航海家的种种事迹，捕鲸人、海盗也传诵在殖民全盛期为某位欧洲君主效命的军舰船长的事迹，以及各种船难的故事、丰富物产的发现或渔民社群定居的港湾。

制图员收集来自每一位航海家的信息，将它们画到地图上。就好像无线电话一样，地图在欧洲各个王国的宫殿中流传。但也就像任意的无线电话一样，这些故事经过经验丰富的船长转述，也为捕鲸人和海盗所传诵，事实与想象掺杂在一起。

法兰德斯的地理学家墨卡托于1569年绘制的地图是文艺复兴时期最重要的地图之一。该地图采用特定的投影法，是史上第一个以直线而非曲线呈现夹角与磁北之间维持恒定的航线的地图，从而成为一个航行利器。

然而，地图上的某些内容源自于想象和道听途说。如果说一位现代的地理学家会选择忽略，而这也的确是后世地理学家所采取的做法，墨卡托却执意在地图上画上地球上所有的陆地，包括一些根本不存在的陆地。其中之一就是北极，他相信威尼斯的齐诺兄弟所描述的探险经历，1380年时，他们航向北方海域以寻找新的陆地。接着他们的探险故事似乎失传了一阵子，直到一两个世纪以后才再现踪影。墨卡托在地图上写了一些与北极陆地有关的信息：据说有一块被4条运河或河流切开的环状陆地，上述河川将可航行的北冰洋与大西洋及围绕着欧亚大陆和北美洲的周边海域连接起来。这一切根本是天方夜谭,却有很长一段时间在全欧洲的制图员间流传。

就连澳大利亚大陆的历史也指出,一些与事实不符的想法有可能被掺杂在科学中,从而晋身为真相。从 16 世纪起,有将近 3 个世纪的时间,地理学家相信在南半球有一块巨大的陆地,从而强化一个信念,即两个半球之间有一定的对称性,鉴于北半球有一个广阔的大陆——欧亚大陆,后来更加上了北美,当时的人推断南半球应该也一样。

当时的地理学家对此坚信不移,于是在航海图里画上了一块名为"未知的南方大陆"的陆地。某些地图上甚至绘有森林和貌似凶猛的未知的珍奇异兽。你想必能够体会对于当时大多数的欧洲人而言这可是纯粹的事实,只有少数的学者清楚地知道这一切纯属虚构。

每个被派遣去寻找这块神秘未知的南方大陆的探险家都带回了一些新发现,他们有时甚至发现了一些后来被确立为地理事实的岛屿和群岛。于是,南方大陆的轮廓在众多制图员的笔下持续幻化。其他时候,某些刚刚被发现的陆地立刻被归为神秘大陆的一部分。在 1570 年由地理学家亚伯拉罕·奥特柳斯(Abraham Ortelius)所绘制的世界地图里,一块巨大的陆地几乎占满了整个南半球。然而,随着来自葡萄牙、英国、西班牙、荷兰和法国的探险家深入南方,上述的世界观便愈来愈站不住脚。假想的南方大陆的范围愈变愈小,原本以陆地为主并被或大或小的海洋包围的地球化身为一个充满着水体、水上浮着众多陆地的星球。未知的南方大陆逐渐遭到蚕食,最后消失影踪,而让位给一个同样神秘且澎湃冰冷的南方海洋。

直到英国詹姆斯·库克船长(1728—1779)的探险之旅后,地理学家才确定"排除"南方大陆的存在，同时得以确立一个事实，即太平洋的面积以及海洋至少占据地表的 2/3。

在地图上，有关巨大的南方大陆，最后只剩澳大利亚（于 1811 年被画到地图上）和南极洲，后者于 1820 年首度被正式发现。

男性的方向感胜过女性，这是真的吗？

几项研究指出，一般而言，比起女性，男性更擅长在复杂的空间里做出正确的选择，比如在一个不熟悉的小村庄认路。但是，要判断男性的方向感比女性的方向感好多少则很困难，特别是我们根本无法确定有关方向感的一切究竟取决于性别特质、文化制约，还是荷尔蒙激素等其他因素。

最近，挪威科技大学的几位学者决定针对荷尔蒙激素如何影响女性在"空间"中的选择进行测试。要办到这一点，他们要求 40 名左右的男性和女性受试者在有限的时间内逃离某个虚拟的环境，换言之，他们必须匆匆忙忙地办到这一点。在某种程度上，学者们所预期的情况确实发生了：男性受试者往往利用一些快捷方式，从一个目标移往另一个目标，他们更擅长利用基本方位来辨识方向。此外，学者监控参与研究的受试者的大脑活动，发现男性和女性使用了大脑的不同部位。

然而，睾丸激素也发挥一定作用。只要在女性受试者的舌下滴上一滴睾丸激素，情势立刻逆转：许多女性利用基本方位辨识方向和找出前往目的地的最佳路径的能力明显提高。

学者指出，男性比女性更擅长利用东南西北 4 个基本方位来辨识方向。换言之，他们会先顺着大致方向移动，如"火车站大致上在东边"，接着寻找快捷方式。而女性则比较倾向信赖一些确定的地标，并依照它们规划路径——"是没错，但到那里之前，我们得路过泰国餐馆的对面，然后穿过喷泉广场"。

研究人员的目的并非引发两性之间的竞争，而是要研究男性和女性大脑之间的差异。的确，他们观察到，谈到选择哪条路径的时候，两性都动用了大脑的很大一部分，但男性利用较多的是海马体，而女性则主要使用了大脑的前侧。

接着，研究人员针对此种性别差异提出了一个与进化有关的理由。根据他们的说法，这一切都与千年至万年前人类在草原和森林进行狩猎和采集的经历有关。的确，已有证据显示女性比男性更善于寻找邻近的物体："我把火车票放在哪里了？"而男性则更善于找到较远的目标："去车站该走哪条路呢？"之所以如此，可能是因为在过去男性往往被委以狩猎的重任，换言之，他们必须不断地进行大范围的移动，且须认得回到部落的路，而负责采集的女性则留守在部落附近进行较为仔细的搜寻。当然，这不过是一项假设。无论如何，人类史上的这一个章节很快便会成为过去式，因为随着GPS导航仪的出现，男性和女性的大脑将愈来愈类似，也愈来愈不擅长寻找火车票或火车站。而且人类很可能会常在离家不远处的电影院度过周末，之所以如此，无非是因为地方比较好找。

永续旅游

第十二章

生态旅游是否真的有利于环保？

概念上生态旅游是一种寻求与当地生态之间的兼容性的旅游形式。直到 20 世纪 80 年代，联合国才开始关注人类带给生物多样性的冲击，从而开始推动永续旅游、生态旅游等概念。从那时起，此种形式的旅游所带来的好处便成为讨论的对象，两派专家意见相左，一方声称："这是种可持续的旅游形式"，另一方则反驳道："一派胡言，这种旅游形式跟传统旅游一样破坏环境"。

一份 1999 年发表在专业杂志《旅游管理》的报告指出，生态旅游若要名副其实，必须保护自然、创造经济收入（受益者除了旅行社之外，也应包含当地小区）、带领旅客和当地小区居民讨论环保议题、具有高质量，鼓励当地居民的参与。

最后，可持续性的前提之一还包括带给当地居民经济收益、基础设施（更好的交通和通信等）和幸福感（维护当地文化，并增进居民的健康）。你的旅行是否达成了这一切？如果是的，你便可以称之为生态旅游。最近在巴西亚马孙河流域的自然保护区所进行的一项研究得出了以下结论：相较于没有旅游业的偏远地区，生态旅游并未对观光地区的哺乳动物带来负面影响。简言之，生态旅游确实行得通。然而，另一项在美国加州的几个保护区所进行的类似研究却得出了全然相反的结论：远足和通过伪装观赏野生动物等看似无害的活动致使加州的一个自然保护区内的郊狼和山猫的数目减少。此外，其他研究则指出生态旅游带给企鹅、澳洲野狗和北极熊等物种明显的冲击。

愈来愈多旅客求庇于生态旅游的保护伞之下，生态旅游往往成为激励当地社区致力于保护脆弱或濒临绝种的物种以及限制狩猎的诱因。此外，它也让群众更能意识到保护生态系统和生物多样性的重要性，也因此往往能对游客日后的选择产生正面的影响。

根据国际生态旅游协会的说法，作为旅游业的一员，生态旅游自1990年以来成长了20%～30%。在美国，每5位游客中便有1位选择（至少在理论上）可持续发展的大自然之旅，而这正是生态旅游最广义的定义。显而易见的是，这个定义非常广泛，除了涵盖那些强调将环境冲击降至最低的人，也包括了那些想要接触自然环境的人，而后者可能会给环境带来冲击。另一方面，有些人愿意为了环境的利益牺牲舒适度，有些人却说什么也不愿放弃某些如触碰、抚摸猩猩之类的行程。

理论上，生态旅游应当保护环境，同时促进该观光地区的经济和社会发展，想要参加此类旅行的游客应检查提供行程的旅游业者是否遵循这些原则。

甚至还有人为从事生态旅游的游客进行了分类。有所谓的激进派，如科学家或其他为了促进环境和社会保护而前往地旅游的游客。接着是生态旅游的热衷者，他们的目的是接触大自然或某个特定的生态系统，并对当地的文化和历史感兴趣。还有些在今年预定要探访亚马孙丛林或澳大利亚的大堡礁的主流游客，他们只是想尝试点新事物。最后是那些偶然到来的游客，对他们来说，自然保护区只是旅行套餐的一部分，之后他们便要回到度假村里享受按摩浴缸。后两种类型的旅客显然较不关心有关永续发展的议题，尤其是在度假的时候。

的确，许多注明为"生态旅游"的行程仅仅是徒有虚名。造访环境脆弱的地区，在敏感的时期（如繁殖的季节）干扰野生动物，或让大量游客涌入保护区，更别提交通运输或其他基础设施对敏感地区所带来的影响，上述一切往往带来损害。而纵使游客带着莫大的善意，这一切仍可能发生。

据某些专家的说法，作为较"友善"的一群人，生态旅游者更有机会接触自然环境和与野生动物互动，但此类的互动都对环境构成了威胁。以野生动物的驯养为例，至少在一年的某些时期里，游客的存在可能会让捕食者不敢靠近，从而影响动物惯有的警戒状态，致使它们在离开观光区后或在其他时期里较容易被捕食。

举例来说，据观察，生活于美国某些观光区的麋鹿比较"放松"，因为它们较为亲人并习惯有人上前观察它们，因此更容易受到干扰。综上所述，生态学家指出，可能导致快速和意想不到的环境变化的人文因素多不胜数，生态旅游也应被列入这个漫长的名单当中。

行李箱里的科学

✈ 愈来愈多的游客参观国家公园

在 2007—2008 年间出现了一个跨时代的转变：从那时起，生活在城镇地区的人口超出了生活在农村地区的人口。居住在城市地区的人口增长了，居住在农村地区的人口则降低了。这可能只是个巧合，但同一时间参观国家公园的游客数量正急剧增加。根据英国剑桥大学学者的说法，每年有 80 亿名游客参观公园和自然保护区，等于是地球的每一位居民每年参观国家公园一次，但事实显然并非如此，因为有许多游客每年不止参观一个国家公园。这是一个为旅游业创造 6000 亿美元的产值的区域，这个数值远高于用来维护上述保护区的 100 亿美元，因此学者们建议将更多的经费投入自然栖息地的保护，因为这么做在经济方面的回报率也非常高。

游客人次居冠的是位于美国旧金山附近的金门国家休闲区（Golden Gate National Recreation Area），每年有超过 1300 万人次的观光客造访该地，其次则是英国的湖区（Lake District），每年吸引 1000 万名游客，而坦桑尼亚著名的塞伦盖蒂国家公园（Serengeti National Park）的自然公园则可满足 14.8 万人次的观光客。从 20 世纪 90 年代以来，非洲、欧洲、亚洲和拉丁美洲的国家公园持续以每年 3%~8% 的速度成长。

根据专家的说法，为避免给自然保护区的动植物带来负面的冲击，人类必须提高警觉和注意力，某些地区甚至应该禁止人类进入。

将疾病传染给动物是游客可能会给当地的野生动物带来的冲击之一。的确如此，根据柏林的罗伯特·柯霍研究所（Robert Koch-Institut）的一位流行病学家的观察，一种流行病，更准确地说是一种肺部感染，导致了位于科特迪瓦的一处自然公园里多只黑猩猩的死亡，而该疾病是由外部访客所携带而来（专家在该灵长类动物的组织中找出源自于南美和中国的病毒，很快就指出病毒源自于造访公园的某些人）。

最棒的篝火

你所做的事里面，有些是因为有人教过你这么做，有些是因为你看过别人这么做，还有些是因为经过反复的试验，从失败到成功，你自行摸索出了问题的最佳解决方案。也许你从未寻思你的某些决定或行动背后的真实动机：如今，你已经很擅长升火，而不再多问。然后，有一天，你发现有项研究解释了这项动作的背后确实具有（或不具有，在某些案例里）科学依据，而你终于感觉到自己掌握了某种放诸四海而皆准的知识。

这便是篝火的故事，不论是草原上的游牧民族，还是童子军都把木材或树枝搭成某种特定的形状，以公认能最快速有效地点燃火堆的形式升火。

在2015年发表于权威杂志《自然》的一项研究中，两位美国杜克大学的科学家得出以下结论：篝火的结构必须遵循以下简单原则——其高度与宽度必须彼此相当。据他们的说法，这是用来让热和空气的流动达到最大性能的最佳形状。

一般而言，我们会将篝火架设成圆锥或棱锥形状，但其高度与底部面积（即棱锥基部的边长）之间的比例大约保持在1∶1。

> 这些知识并不与你习以为常的信念或习惯相左，但假使有一天有人执意要各位建造一个形状不同的篝火，你便可以引用这个论点。

✈ 如果有游客口太渴

有件事是肯定的：从环保的角度来看，生态旅游的模式优于传统旅游，传统旅游所带来的毁灭性影响已在历史中显露无遗。随便举几个例子，在菲律宾和马尔代夫，人们使用炸药取得建造珊瑚礁旅游度假村的建材；在欧洲和美国，为了兴建滑雪场，有大片的森林遭到砍伐；地中海沿岸的某些地区，绵延数千米、几十层高的酒店和度假中心形成了气势宏伟的高墙，完全遮住了大海，而在西班牙的某些半干旱地区，农业已无法继续生存，仅有的水源被供应给密密麻麻的度假别墅和大酒店的游泳池。

上述一切给土地和当地社会带来了各式各样的冲击，不乏有关于这个主题的研究，但可以肯定的是，某些国家观光地区的水资源利用无疑是个重大议题。

水资源的使用，尤其是在以旅游业为主要收入之一的发展中国家里，往往是在游客（不知情的）与当地人（有些人不知情，其他人则是没有意识到事情的严重性）之间导致冲突的原因。

在巴厘岛，旅游业占用了岛上65%的水资源，而如果说当地80%的经济依赖旅游业是一项事实（根据当地居民本身的说法，旅游业已成为巴厘岛文化不可或缺的一部分），当地的旅游业有85%

并非由当地人所经营也是事实。换言之，营收并未回馈给当地。总之，随着时间的推移，旅游业大量使用水资源（巴厘岛的 400 条水渠当中有 260 条已经干涸），已导致旅游业和当地居民，尤其是农民之间的冲突。

在某些案例里，特别是有关奢华旅游的案例，一名游客每天甚至可以消耗高达 2460 升的水（游泳池、厨房等水资源的消耗也计算在内）。即使在非极端的案例里，水资源的消耗也可能甚为显著，并导致用水的压力，尤其是在水资源稀少的地区。举例来说，在西班牙的萨拉戈萨，每个酒店房间平均每日消耗掉 124 升的水，其中

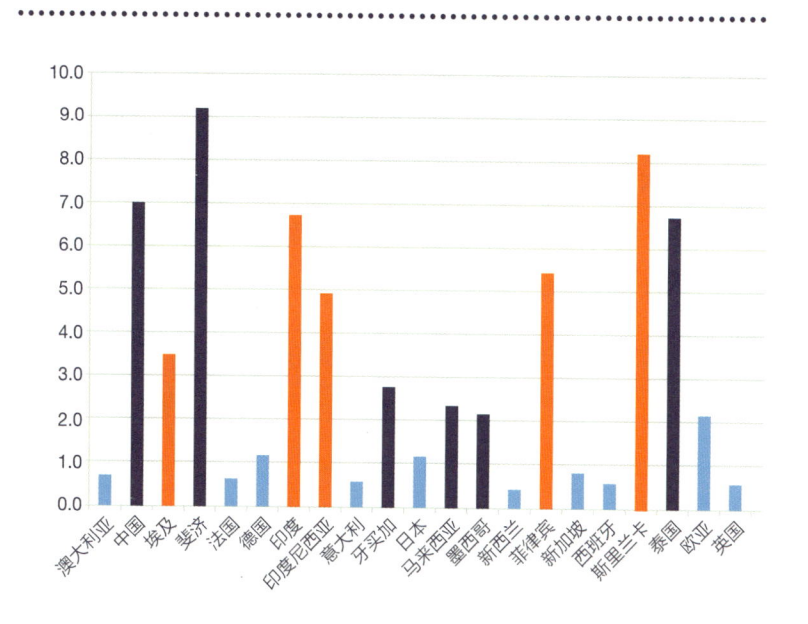

图38 水资源分配不均指标（游客和当地居民所使用的水资源的比例）；红色表示低人均国民收入的国家，如埃及；深蓝色表示中人均国民收入的国家，如中国；浅蓝色表示高人均国民收入的国家，如澳大利亚

只有 41 升作为热水使用。你旅行时需要用掉多少水呢？你知道自己正在使用的水可能会导致自己和当地居民之间的水资源分配不均吗？

发表在《水资源与产业》杂志的一项研究指出，在斐济和斯里兰卡等水资源原本便极其匮乏的国家，游客的用水量是当地居民的 8 倍。在中国、印度、泰国、印度尼西亚和菲律宾，作为一名游客，你使用的水会是当地居民的 5～7 倍。更严重的是，水资源分配不均的现象主要发生于被世界银行列为人均收入较低的国家，以亚洲为例，平均每位游客每晚消耗 900 升的水。

相反，在那些较为富裕的国家，游客的用水量与当地居民的用水量则不相上下，欧洲便是最典型的例子：每位游客每晚约消耗 200 升水。学者们还指出，游客的用水量往往与当地的水资源供应量不成比例：水资源较少的国家却不会限制游客用水，举例来说，用水经常不足的印度和埃及从不会让游客没水用。

因此，纵使你还算渴望入境随俗，在旅途中，你往往不经意地加剧了全球地区间资源分配不均的情形。

旅途的回忆

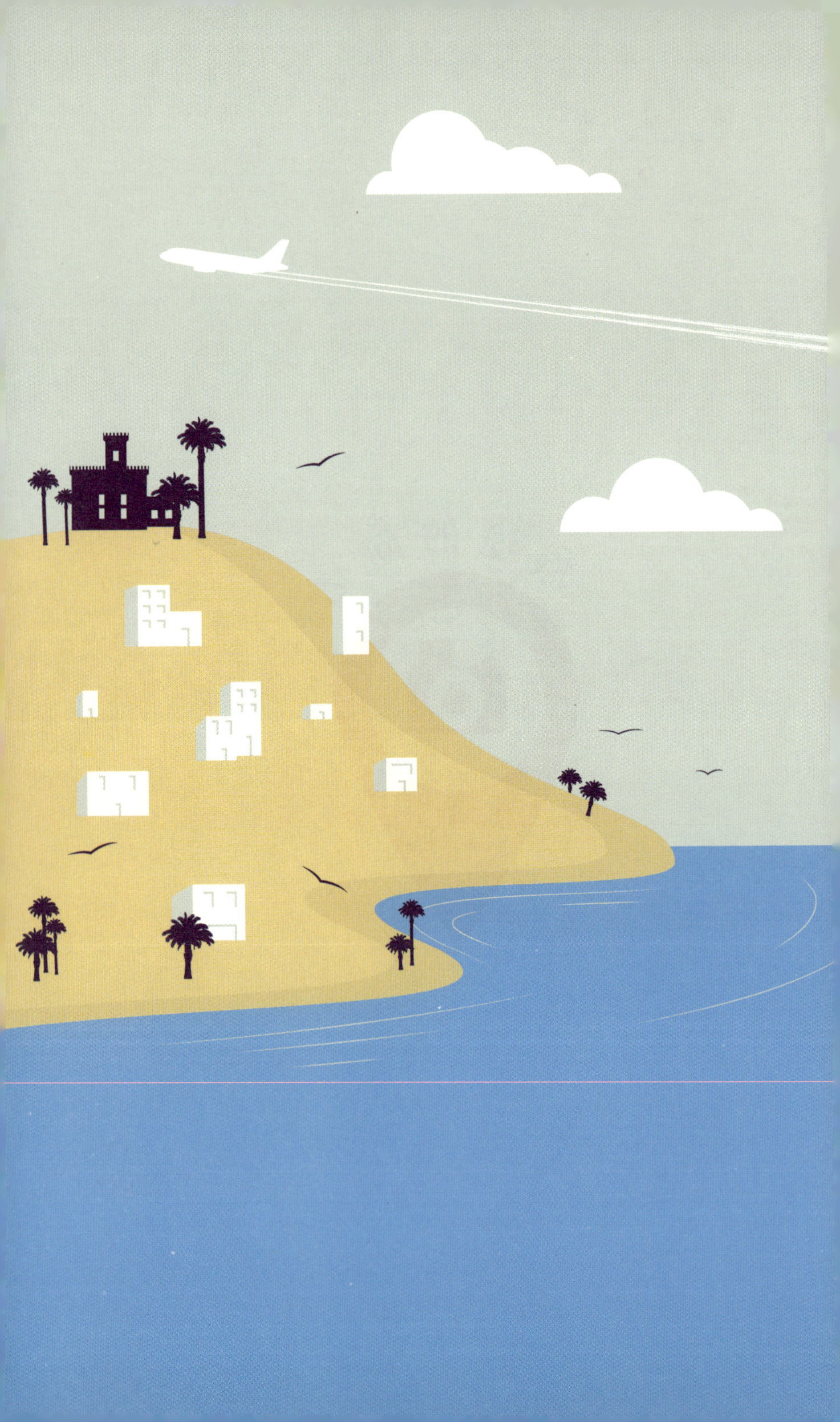

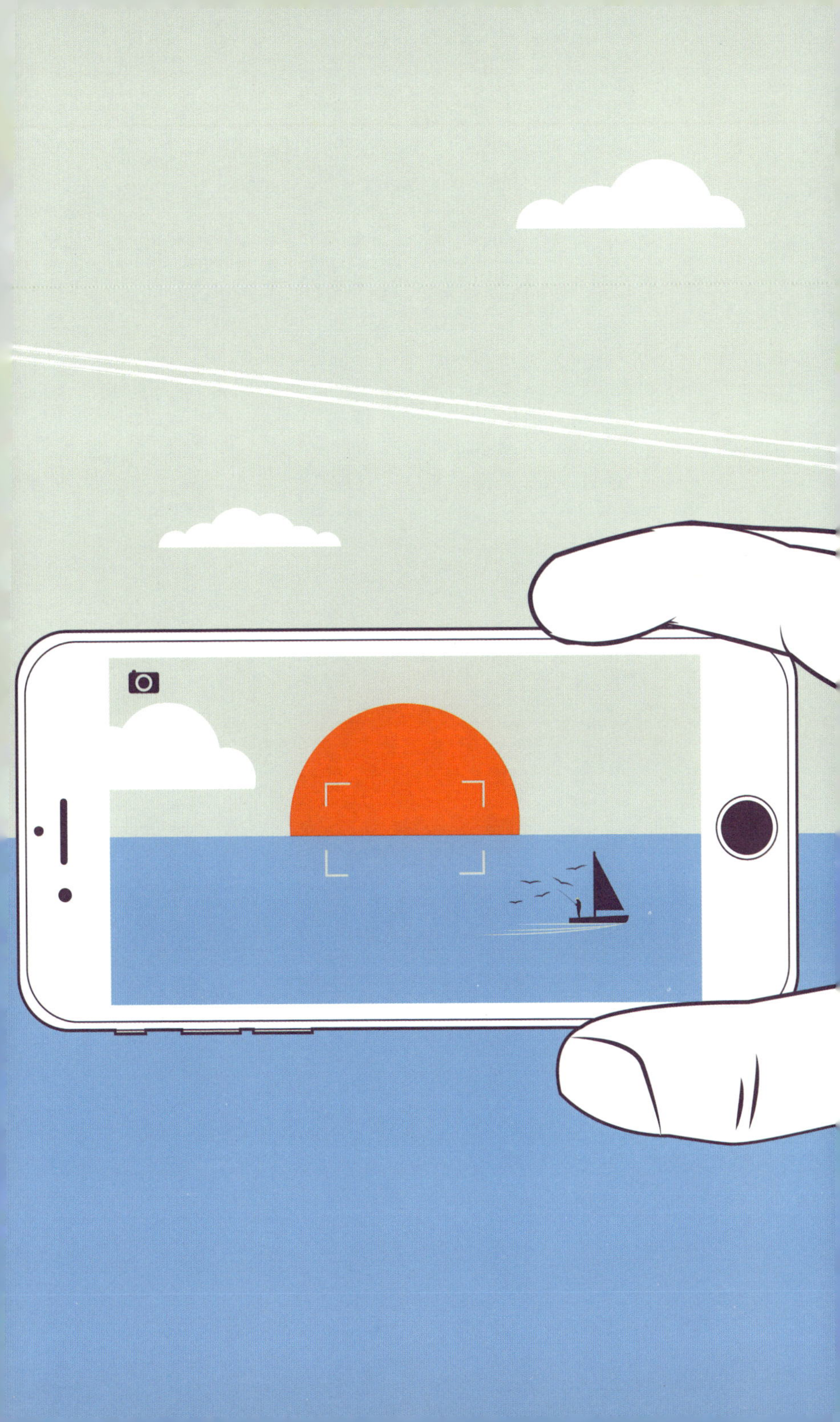

旅途的回忆 / **第十三章 欢迎归来!**

旅途的回忆

欢迎归来!

第十三章

要种多少树才能弥补旅行所导致的环境冲击?

作为推动旅游业运转的推手之一,我们该如何减少自己带给环境的冲击?先前我们已探讨过这个主题,然而,既然你已在计划下一次的旅行,我们可以回头再讨论这个主题。

二氧化碳是大气的一个基本组成部分,并对地球环境和气候平衡起着至关重要的作用。如果在最近的150年里,其实整个进程已在更多个世纪前随着农业和森林砍伐开始,人类并没有改变自然界的碳循环,大气里的二氧化碳便会通过自然程序调节,但如此一来,当今的我们可能就不能享有飞越大西洋的飞机。如今,人类活动给大气中二氧化碳的含量带来极大的影响,而正如我们先前提到的,旅行使大气里二氧化碳量增加,从而导致全球增温。

你很可能已经听说过有关你的行程的"碳补偿",而也许在某

169

个宁静的夜里，当你正在布拉瓦海岸度假，并跟一同啜饮着啤酒的友人打了个赌：要种植多少树才足以弥补这次旅行所导致的温室气体排放。因为在学校生物课里所教过的内容，你至少还记得这一项：植物吸收二氧化碳而成长，同时释放出氧气，所以你可通过种植树木减少旅行的环境冲击。

你打算种两棵树？事实上，你种一整片森林都不够！当然，也得视你种的是哪种树而论，桃树当然不能拿来与红杉相提并论。话题与讨论，夹杂着轶事和科学，享用着饮料及其他，就这样持续了一阵子，最终则不了了之。而这也是可以理解的：因为这个主题比表面上要复杂得多了。

为了简化起见，你可以上网查询：你搜寻到了许多网站，可以计算出一趟西班牙之旅后需要种多少树才能弥补排放量，不论你选择坐火车或搭飞机。

在此，我们只向大家呈现几项查询结果（取自德国的某网站）。你已使用一辆每千米消耗 10 升汽油的车行驶了 500 千米的路程是吗？那么你已制造了 72 千克的二氧化碳，若汽车使用的燃料是天然气、液化石油气或柴油，排放量则会少一些。而一位朋友因工作因素搭火车与你会合，那么他在排放量方面表现较佳，只有 25 千克。就别提你的男友了，他选择搭乘飞机，而足足"贡献"了 160 千克的二氧化碳排放量，假使他当初选择和你一同开车前往，你们两人便可以分摊 72 千克的二氧化碳排放量（当然也得考虑到一件事，即汽车装载量增加时，所耗费的燃料量也会随之增加）。

我们先前已经谈过这一点，现在让我们来讨论树木。首先，当我们说应该种树来弥补二氧化碳排放量时，事实上这就好像在说有必要引进一种能够平衡我们所制造的二氧化碳的因素（的确，有些组织已经提出替代方案，比如投资再生能源的项目）。

如果你搭飞机飞了大约 500 千米的里程数，那么你造林的面积必须达到 3 平方米；假使你开车完成了上述里程，那么你重新造林的面积至少必须达到 1 平方米；但假使你坐火车，那么你只须赠送一盆天竺葵给邻居就够了。

当然，我们得承认这一切只是一种非常粗略的描述，因此你应当谨慎看待，因为事实复杂得多了，这些模型主要是为了帮助我们意识到我们的某些行动可能会带给环境各式各样的冲击。此外，这些数据可能还有待商榷。

其次，正如我们先前所说，很大程度上取决于植物的种类，它所生长的生态系统，日照、水分和养分是否充足等因素。位于欧洲的一个成熟的森林每公顷可吸收 600 吨的二氧化碳，只相当于相同面积的热带森林的一半。

值得一提的是，尽管森林确实是有助于减少排放量所带来的冲击的解决方案之一，然而，如果我们继续保持目前的生活方式，长远看来种树是不够的。相反地，我们必须开始认真地考虑尽可能以火车而非汽车或飞机作为代步工具。尽管这样会增加不便，但这是我们对缓解地球环境冲击所能做的最好补偿。

回程所需的时间比较短

究竟是什么样的原因呢？是时空变形的关系吗？而这也进一步证明了引力波不止存在，甚至能改变一趟旅程的长短。为什么回程感觉起来比去程要短？

假使你也有这种感受，那么你并不孤单。一项由荷兰的蒂尔堡大学所进行的研究指出，这是种不会随所选择的交通工具（飞机、船舶、火车或汽车）而改变的普遍感受。

但事实并非如此，至少并非总是如此。即使是距离和时间长短相同，但往返路途不同的旅行也可能带来回程较短的印象。一些学者和心理学家认为，这个问题与宇宙的收缩或扩张没有任何关系，而与旅行前的期望值有关。你往往低估了去程所需的时间和体力：经过长时间的等待，漫长舟车劳顿令你感到措手不及，最后终于被压垮。接着，你在假期中放松，并为面对漫长而充满挑战的回程做好了心理准备。而回程并没有想象中那么艰辛，这就是为何大脑会告诉你回程的路途比较短。

也许你会带着一丝羡慕想象研究人员是亲自在欧洲进行了一系列辛苦的旅行之后才得出以上结论。事实上，他们采取的方法简单多了：他们采访了350名坐大巴或骑自行车的旅客，发现大多数旅客认为，平均而言回程的速度比去程快了22%左右。尤其是那些抱怨去程出乎意料漫长的旅客，他们往往认为回程的时间要短得多。

到目前为止，一般认为这种"回程效应"是因为旅客对回程的心理认知，即旅客已做好心理和情感上的准备，并对即将展开的回程路线有或多或少的认识。然而，荷兰科学家却发现同样的情形发生于那些回程时采取不同路径的旅客，从而导致前述理论的不攻自破。

姑且不论针对你在旅行中所体验到的感受进行调查有何意义，这项研究可以说是指出何谓科学方法的一个良好范例：一个科学家团队质疑了一个看似成立的理论，并提出一项新的假设来解释原有的假设中不合理的部分，接着对新的假设进行检验，实验包含一个新的而且可以测量的变量，最后观察原先的理论是否得到印证。如果不是，便修改理论，使其符合新知。

📷 被禁止的纪念品

可能是一时兴起，或因为某些贵重物品的价格实在低得诱人，你会一时忘记手中的纪念品可能会给当地的动物或植物带来危害，甚至可能是来自黑市的不法物品，这个如假包换的走私物品要价只有几美元，但背后可能以一个生命（有时甚至是人命）作为代价。你甚至可能忘记自己正要购买的，作为不法物品，会带来严重的问题，因为你回国时，海关可能会要求你申报其来源。有关这一切，欧盟专设了一个网站提醒大众哪些是受保护的动植物物种，以及哪些被禁止引进欧洲。

全球范围则有自 1975 年起生效的华盛顿濒临绝种野生动植物国际贸易公约（CITES）。这个公约明确了有关 3 万种动植物买卖的规范和禁令，给予其不同程度的保护。你可能已经注意到，受保护的物种为数众多，买到被禁纪念品的风险很高，因此最好事先调查清楚。

这只不过是危言耸听？只有少数生活奢华的西方或中东富豪才对象牙感兴趣？事实并非如此。各国边境不断有以保护类的物种制成的象牙、珊瑚、某些传统医药材，以及某些果实被没收。据估算，单单为了取得象牙，每年便至少有 3.3 万头大象被杀。举例来说，直到 2009 年，多米尼加共和国才决定认真追缉玳瑁壳的走私。国际野生物贸易研究组织（Trade Record Analysis of Flora and Fauna in Commerce）对一个管制保育类动植物的非法走私国际网络的一项报告指出，2009年之前，你可以在当地的纪念品店里找到以此种严重濒临绝种的海龟制成的2.3万种商品。

如果你怀疑某些纪念品是非法物品或对此有所疑虑，你最好通报警方、旅游业者或住宿的酒店。你也可以拒买某些违法物品，并强调自己更想购买不包含动物身体部分的商品。

回应社交媒体上的评论是有用的

假使你是一个露营区、酒店的业主，或安排游客搭乘橡皮艇探访撒丁岛海岸秘境的旅行社，假使你有一个可以用来与客户进行交流的社交媒体平台，这个章节可说是为你量身定做的。有很多游客已经习惯使用分享信息的工具，并已着手亲自安排自己的假期，他们通过互联网寻找各类服务，并经常参考其他使用者留下的好评或差评。这就是所谓的推荐，从前向你作出各种推荐的是你的小叔或办公室同事，如今则是缤客（Booking）、猫途鹰（TripAdvisor）以及脸书（Facebook）上的各种社区等。

广泛使用互联网的人非常信赖各种社交媒体上的留言与评价，认为它们比专业旅行社所提供的信息来得"新鲜"，可信度也较高。

以国际性旅游评论网站猫途鹰为例，该网站自2000年创办以来已收集了超过7500万条有关遍布世界上8.5万个目的地酒店的评论，每个月约有4000万使用者访问这个网站（根据2013年的数据）。

首先，多项研究指出旅客愈来愈赞赏猫途鹰网站和其他同行业所提供的服务：如今，游客不再依照一家酒店或餐馆的价格决定是否选择该项服务，业者得跟各式各样的评价进行角力。相较于好评，差评发挥立竿见影的功效，而可以预料的是，好坏参半的评论令使用者感到犹豫，而倾向选择正评比例明显偏高的服务。动摇我们对一项服务的信赖感远比建立那份信赖容易得多。

假使你经营的餐厅、酒店、观光农场或营地收到一则差评，你该怎么做呢？许多其他的研究也明确指出了这一点——雇佣一位黑客，并要求他尽快黑掉猫途鹰网站，但这当然不是最理想的解决方案。我们的建议是你应该响应，且要尽快响应。但大多数的业者并没这么做，根据猫途鹰网站本身所公布的，只有4%的旅馆、餐饮和服务业者会对差评作出响应。

一个由心理学家和旅游业专家组成的研究团队试图找出各位的潜在客户如何评价其他使用者所留下的差评，不论他们是在各位的脸书页面留言、发送于推特（Twitter），或写在猫途鹰网站的评论区里。他们试图对某些特定的方面作出评估，如业者方的代表（回复人是经理还是接待员）、口气（听起来一板一眼，还是平易近人）、回复的速度和成果（酒店会修好空调吗？他们已经开始修了吗？他们是否打算这么做）等因素对潜在客户的影响。研究人员模拟了各式各样的情况，让1186名志愿者在模拟的状况下面临住宿的酒店中出现的各种问题，并对酒店收到的评论进行分析。

研究结果指出，收到差评却未适时作出响应有损于业者的信誉和消费者对其服务质量的观感；过一段时间才响应也会降低客户的信赖。相反，一种平易近人且设身处地的语气会提升客户的信赖度；此外，出人意料的是，回应的是酒店经理还是酒店员工对消费者而言并没有任何区别。

业者向顾客承诺立即改正错误，或表示已采取一切措施，以确保类似事件不会再次发生，也都不那么重要。顾客希望自己的声音被听见，或者更准确地说，他们想知道你已经听见了他们的声音。因此你必须作出迅速、诚实和平易近人的响应，而在这种经济模式里，一旦你站在顾客的立场，你想必也会有相同的期望。

对于第二个千禧年的旅客而言，这些工具构成了一个新的疆界。就如同每个疆界一样，人们对其所知甚少，仍有许多不确定的因素，它们的未来正迅速演变。

举例来说，存在着在评论方面作假的问题。既然涉及了经济利益，何不要求朋友和员工写些不实的好评？业者甚至可以给顾客提供折扣以换取好评。这些共享平台的公正性对于游客和业者而言都是至关重要的。猫途鹰网站拥有几个审查系统，以支持业者，但是有些业者坦承有时仍有一些假评论能通过审查。一项针对猫途鹰网站上249家接受消费者评价（共计1.9万则推荐文）的旅馆的研究指出，"大多数"的评论是可靠的。因此，上当受骗的风险虽低，但仍然存在。

最后，一项由罗马国际社会科学自由大学对153名受试者所进行的研究指出，介于18～44岁的意大利人当中约有1/3的人信赖所谓的在线口碑，并在选择餐馆或酒店前会稍微参考一下猫途鹰网站。然而较多的时候，这些网络使用者倾向参考评分（综合了好评和差评的平均满意度）和评论数的多寡，而不是采信其他人的评论。因此，对于旅游服务业而言，维持一个可接受的平均值非常重要。

在此，我们提供给你一些建议，以提防过于主观、甚至造假的评论：

建议你使用多种不同被公认可靠的工具。除了信赖猫途鹰网之外，你也可以查询其他如好订网（Hotel）、雅高达（Agoda）、智游网（Expedia）等平台，并对照其他如孤独星球出版社（Lonely Planet）的网站。

请你信赖群众的智慧，将分享型经济的精神发扬光大，以增加服务的可信度。总之，请别相信那些没收到几则评论的场所或酒店。大量的数据较为可靠。

慎防言过其实、语气夸大的好评，特别是当它们夹杂在许多差评之间的时候，反之亦然。明显且常见的语法错误也可能是一个警讯：究竟是谁，而他又怎么会写出这样的评论？

旅途的回忆 / 第十四章 你正在思考下一次旅行？

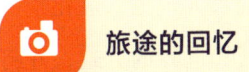

旅途的回忆

你正在思考下一次旅行？

第十四章

科学旅游——10个值得参观的地方

有10个地方值得参观……其实至少有上百个，假使你是科学爱好者的话。好吧，我们得知足。也正因为你的耐心和时间都很有限，你的站牌等会儿才到，而你希望在下车后立即抵达目的地：有些研究指出从19世纪至今读者的耐心有下降的情形。

好吧，以下是非去不可的目的地清单：

- 冒纳罗亚火山（夏威夷）。因为夏威夷是一座小巧玲珑但美不胜收的岛屿，它位于太平洋中央，长50千米、宽20千米，岛上矗立着一座火山——冒纳罗亚火山，有个重要的实验室位于此地。的确，正是在此地开启了我们所知道的有关气候变化的一切研究。1958年，科学家查尔斯·基林找寻着一个偏远而尽可能纯净的地方，以在该地测量大气中二氧化碳的波动，并开始追踪记录大气里二氧化碳的变化。这项记录改变了我们看待大气和世界的方式，并将必须为未来的几十年作出重要决定的政客和世界大国逼向角落。自那时开始至今，二氧化碳的追踪记录持续被更新。这里除了天文台开放游客参观之外，还有海滩和冲浪。

- 探索博物馆（美国旧金山）。这是一个卓越的科学中心。在这里，你会被无数种完全互动的科学、感官、想象力和创造力的实验所袭卷。甚至连门口处的储物柜也不例外，它们一经触碰便会发出声音。探索博物馆的理念是让访客可以试着动手"做"，亲身经历或进行实验。举例来说，你可以尝试生活在一个没有颜色的世界。在这里，你能找到许多可以解惑的科学解答，你可能会真正领悟相对论，并极可能带着同样多的新疑问走出博物馆。占地 30 万平方米的展出空间非常宽畅，因此，你将很难在博物馆即将关闭的时候说服你的孩子离开，因为那时也许他们还在修补工作室，建造一个革命性的机械系统或电路。馆方给进行修补工作的访客提供了面罩，因此你不必担心。

- 寻找南美羽扇豆（秘鲁的安第斯山脉）。2016 年是国际豆类年（FAO）。南美羽扇豆是自然界中蛋白质含量最丰富的豆类，种植在地中海地区已有超过 3000 年的历史，而在安第斯山脉地区则至少有 6000 年以上的历史。秘鲁境内散布着一个特殊的品种，即鲁冰花，这是当地人用来称呼羽扇豆的方式。你甚至可以借由这个经验提倡：家畜的养殖会导致严重的环境冲击，因此减少家畜养殖，而多使用富含蛋白质的植物，是迈向一个永续发展的未来的重要目标，而这也是国际豆类年的宗旨所在。

此外，在利马有一家名为Tarwi（南美羽扇豆）的餐厅，你何不前去一试呢？

- 欧洲核子研究中心（瑞士日内瓦）。你这个长达27千米、内有7个粒子加速器的环形隧道是全球最大且最重要的物理实验室。这个结构庞大的建筑物里的一切都很微小：以纳米为单位。这个机构也是一个史无前例的国际合作成果：由欧洲和欧洲以外共21个国家促成。欧洲核子研究中心为物理学家们提供了非常强大的工具，协助他们发现许多次原子粒。

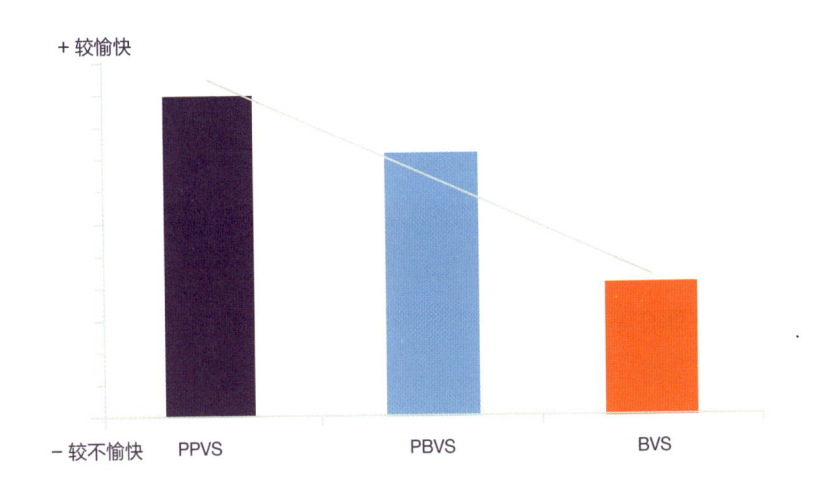

图39　上图指出所择的活动类别及其所带来愉快的程度，PPVS代表积极寻求接触大自然的旅客；PBVS代表前往乡间，但选择海滩和鸡尾酒等享乐行程的游客；BVS代表选择传统旅游方式，在市区进行金额较高消费的游客

其中之一就是希格斯玻色子，彼得·希格斯和弗朗索瓦·恩格勒因之于 2013 年获颁诺贝尔奖。但还不止如此，事实上，欧洲核子研究中心缔造了一些改变人类生活的科技创新：从电子计算机到万维网，后者是一种分享数据和信息的计算机网络，为互联网的前身。

- 哥斯达黎加。该国国民缔造了一项纪录：在 2015 年，整整有 75 天之久，哥斯达黎加靠地热及满水位且正常运作的水力发电水库做到了零排放量，而且还不打算止步于此。获选为模范国家的哥斯达黎加想要跃身为全球第一个永久零排放量的国家，因此在联合国气候变化大会（COP21）期间，巴黎的艾菲尔铁塔点亮了哥斯达黎加国旗的颜色。

- 斯瓦尔巴群岛（挪威）。这里是世界末日种子库的所在：一座储存来自世界各地的种子银行。这座用来储存全球植物种子的银行建造于斯瓦尔巴群岛，因为该地的低温能确保种子的保存，以防种子因天灾人祸而灭绝。这是一项非常艰巨的任务，种子银行并不开放参观，但当地的自然史博物馆内则设有与此相关的参观路线。2015 年 10 月，由这家银行所提供的一些种子被种植在黎巴嫩和摩洛哥，而在此栽种而成的植物可望在战争结束后返回叙利亚。

- 布纳肯（印度尼西亚）。这里有地球上绝无仅有的生物万花筒，珊瑚礁是地球上生物多样性最丰富的环境。如果你不指望在人生当中造访很多个珊瑚礁，那么这个专家口中世界上生物多样性最丰富的珊瑚礁值得一去。布纳肯位于印度尼西亚的苏拉威西岛，是世界上无脊椎动物和小型鱼类品种最丰富的地区。巴氏豆丁海马（学名：*Hippocampus bargibanti*）可以说是其中的大明星，但它是一位难以描绘的"名伶"：它的身长约为 2 厘米，身体的颜色能与周围的珊瑚礁环境完美地融为一体。布纳肯国家公园于今年满 25 岁。

- 塞舌尔。在这里，你可以见到地球上最长寿的居民——乔纳森。这位人类已知最为年迈的脊椎动物选择在一个迷人的地方度过自己生命中的 183 个年头：塞舌尔的圣赫勒拿岛。自 2016 年起，游客可以小心并尊敬地去见这只高龄的象龟。

- 冰岛。你可以从此处步行到美国，接着再返回欧洲，而这一切只需要短短的几分钟。如果你不具有行走于水面上的能力，却又心血来潮想要徒步前往美洲大陆，有个办法：你只需要具备一点地理知识。在雷克雅内斯半岛上距雷克雅未克只有一箭之遥的地方，有一座连接欧亚板块与美洲板块的桥梁：你只要来回穿越这座桥两遍，就等于在不费一滴油的情形之下完成了一趟洲际旅行。在冰岛，你可以见到地壳裂缝，岛的一半在欧亚大陆上；另一半则在美洲大陆上。在世界上任何其他地方，我们都无法如此轻易地从一个大陆板块移动至另一个大陆板块。此外，在冰岛，你还可以尝试另一种独特的体验：纵身潜入两个大洲之间海水极为澄澈的岩石裂隙史费拉裂谷。

- 亚苏尼国家公园（是亚马孙丛林位于厄瓜多尔森林的一部分）。这里是全球生物多样性的中心。亚马孙丛林是一座生物多样性的巨大机器，这是众所周知的事实，但在厄瓜多尔境内有一座小公园，科学家认为它是整座丛林里生物多样性最丰富的地区。罗塞塔石碑也好，浓缩高汤块也好，随便你怎么称这个地方,总之,亚苏尼国家公园是全球陆地上生物多样性的精华。可惜的是,它的寿命似乎所剩无几:公园底下有厄瓜多尔境内最后一个富含石油的矿藏,石油公司可能会从2016年起开始于该地施工。

快啊,海水要上升了

以下是你务必要在世纪末来临之前拜访的目的地清单:比利时的布鲁日、位于希腊罗得岛的中世纪小镇、印度果阿的教堂和修道院、意大利拉文纳的早期基督教遗迹、俄罗斯圣彼得堡的老城区、坦桑尼亚桑给巴尔迷宫般错综复杂的石头城,以及突尼斯共和国境内的迦太基考古遗址。上述以及其他许多名列联合国教科文组织世界遗产名单上的遗址注定会在未来的2000年里被海水淹没。的确,海平面正因全球变暖而上升,除非人类迅速找到了一些解决办法,并在接下来的1000年或更久的时间持之以恒地实践它。

问题在于,许多古老的人类聚落刚好位于海边。着眼于环境因素和资源取得的便利性,人类偏好居住在陆地上邻近水体,如河流与湖泊附近的地方或大陆的边缘——海岸。如今,那些海岸面临被淹没的危险:继续这样下去,联合国教科文组织认可的世界遗产当中有40个左右将在未来的世代里成为不宜人居的地方,或者它们至少会成为热衷潜水的游客的旅游目的地。

2014年,《环境研究快报》刊登了全球最濒危遗址的完整名单。若是未来全球平均气温较工业革命前增加3℃,这份名单上还得补上其他140个遗址。这正是目前的趋势,但在2015年举行的巴黎气候会议上，全球几乎所有国家都表示会尽力将升温控制在2℃以内。因此，至少对于许多联合国教科文组织的遗址而言，情势尚未全然绝望。

当然，你无须因阅读了这段话而开始担心你的下一个假期，或之后的假期，因为濒危警报器的时间刻度以千年为单位。另一方面，几世纪以来，比萨大教堂广场都是名闻遐迩的旅游胜地，如果想为未来的游客维护好这个古迹，那么我们必须开始考虑投入大量的资金，以确保它不会被水淹没。悉尼歌剧院也是濒危的遗址之一，天知道人们会想出何种拯救方案，说不定将来它会被架高。但位于经济资源较少的国家的遗址将面临何种命运？人们是否能成功减缓海平面的上升，让后代子孙也能同样前去探访这些遗址？

太空旅游——未来的趋势

让我们做好准备，迎接即将到来的太空假期。为了让游客能进入太空，经历失重的快感，并毫发无损地返回地球，已有几家公司致力于研发高安全性的宇宙飞船。我们将如何称呼第一位太空游客呢？要称为宇航观光客还是观光宇航员好呢？暂且撇开技术方面的安全性不谈，想到太空旅行，我们便会联想到一个问题，即太空旅行对于一般人的生理状况可能带来的冲击。到目前为止，太空旅行是经过严格挑选、身理参数也持续受到监测的少数宇航员的特权。宇航员必须符合特定的健康标准，他们必须通过一系列非常严格的生理和心理测试。宇航员必须拥有完善的健康。然而，假使将星际

行李箱里的科学

探险的机会开放给那些口袋够深的人,我们也必须开始考虑几个有关健康的问题,因为许多对此感兴趣的人可能会有不同类型且严重程度不一的生理或心理方面的问题。不用担心!得克萨斯大学的一个航天医学专家团队指出,任何没有严重健康问题的人都足以承受太空旅行的压力。的确会有一些压力,因为届时幸运旅客们得在发射和返航时忍受剧烈的加速,最高可达 4 G 的加速度,相当于地球重力 4 倍的加速。你可以在一些现代化的云霄飞车上体验到这个等

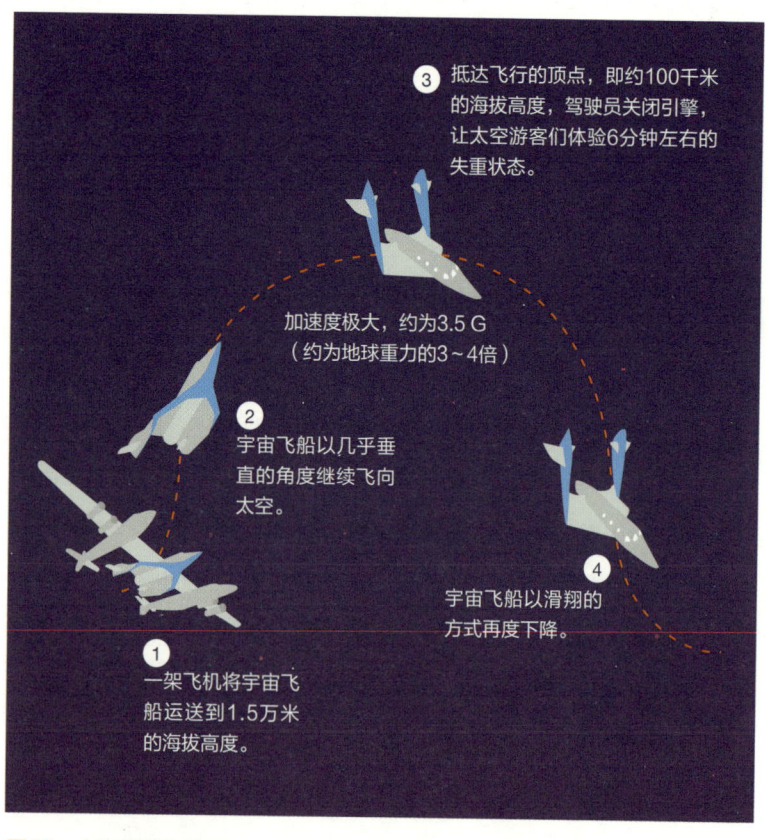

③ 抵达飞行的顶点,即约100千米的海拔高度,驾驶员关闭引擎,让太空游客们体验6分钟左右的失重状态。

加速度极大,约为3.5 G
(约为地球重力的3~4倍)

② 宇宙飞船以几乎垂直的角度继续飞向太空。

④ 宇宙飞船以滑翔的方式再度下降。

① 一架飞机将宇宙飞船运送到1.5万米的海拔高度。

图40　太空旅游的经历

级的加速度，以及在飞行抵达顶峰后的几分钟里的失重状态，即使只有一下子。目前已经有包括维珍银河、太空探险公司、蓝色起源在内的多家公司有意开发太空旅游项目，它们推出离地球表面100千米或更远的短途旅行，来到这个高度，游客便能体验失重状态并欣赏地球那弯曲的地平线。

这就是所谓的次轨道太空之旅，其高度正是人造卫星的轨道高度，旅行的内容包括几分钟的失重经验、一张几十万美元的支票，以及返航途中在飞行员重新控制宇宙飞船并进行降落前经历一段自由落体式的下降。

上述公司之一的维珍银河可望能以其"白色骑士"飞机抢先开始提供此类行程。一切已准备就绪。目前在美国新墨西哥州已有一座"美国太空港"航天基地，这是同类私人太空港的首例。

感兴趣的人也可考虑荷兰太空旅游公司，这家公司与环宇太空有关，后者是一家总部位于得克萨斯州的航天工程公司。你可以在该公司的网站上找到该公司的代理业务员的联络方式，并向他们询问有关旅游方案的详细信息。漫画《纳坦·内佛》（Nathan Never）中所描述的一切已成为历史。

致　谢

这一次，我要感谢的人很多。在写书的过程中，一方面为了尽可能地厘清事实，一方面为了寻找数据和建议，我不得不打扰了许多人。在此，我列出那些被我以大量信件围攻、被迫与我密集以电子邮件通联或甚被迫占用工作时间来帮助我的朋友。

所以，感谢（排名不分先后）：赛雷娜·方达、雷纳托·安布罗西尼、玛菈·马能特、安德烈·斯托凯提、雷纳托·科卢奇，安德烈·德尔·托尔梭、法比奥·蒙弗尔提、焦万娜·迪彼得罗、彼得·斯特尔奈、纳维金·吉荣、斯托尼布鲁克斯。

也感谢我的家人自始至终对我的支持和忍让。